KOMPASS

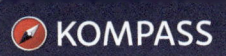

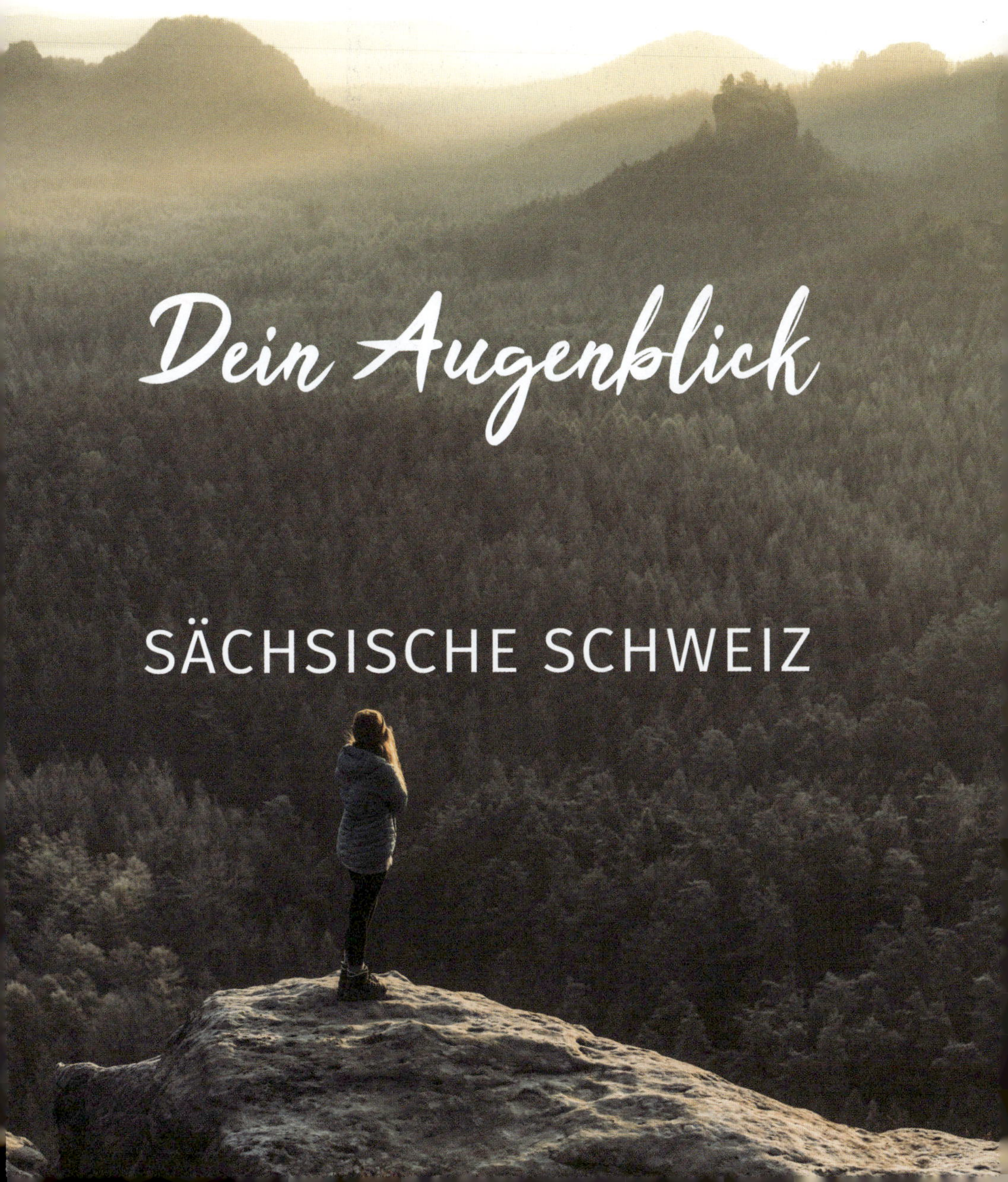

Dein Augenblick

SÄCHSISCHE SCHWEIZ

Die Qualität eines Augenblicks hängt vom Blickwinkel ab. Wir zeigen dir Aussichten, für die sich der Weg lohnt, und verraten, wo du die besten Ansichten in der Sächsischen Schweiz erlebst.

Legende

Obervogelgesang – Bärensteine

Ein idealer „Touren-Einstieg" für Groß und Klein. Oberhalb der Elbe geht's taleinwärts zu einem berühmten Berg.
Seite 28

Stadt Wehlen – Bastei – Hohnstein

Wir wandern dem berühmtesten Aussichtsfelsen der Sächsischen Schweiz entgegen.
Seite 34

Wehlen – Teufelsgrund – Uttewalder Grund

Teuflisch gute „Gründe" gibt's genug für diese Wanderung im Norden der Stadt Wehlen.
Seite 54

Thürmsdorf – Naundorf – Weißig

Die Südseite der Bärensteine und des Rauensteins bergen etliche Überraschungen.
Seite 60

Pötzscha – Rauenstein

Im Süden der Stadt Wehlen und des Kurorts Rathen findet man ein wahres Wanderparadies.
Seite 42

Wehlen – Rathen – Pötzscha

Der Rauensteinkammweg ist nur eines der Highlights dieser Tour.
Seite 48

Bastei – Uttewalder Grund – Rathewalde

Entlang dieser Route ist einiges an Auf und Ab zu überwinden – aber es lohnt sich!
Seite 66

Rathen – Bastei – Amselgrund

Ein „Klassiker" unter den schönsten Wanderungen in der Sächsischen Schweiz.
Seite 72

Rathen – Polenztal – Hockstein

Ein imposanter Canyon und ein berühmter Felsturm – das sind die Zutaten zu dieser überaus attraktiven Rundtour.
Seite 78

Rathen – Lilienstein – Königstein

Erinnerungen an die Eiszeit werden wach, wenn man dieser ausgedehnten Rundroute beiderseits der Elbe folgt.
Seite 84

Rathen – Rathewalde

Die Schluchtgeheimnisse in der Sächsischen Schweiz wollen gelüftet werden. Hier wird eine der schönsten Tal-Touren vorgestellt.
Seite 90

Rathen – Kleine Bestei – Gamrig

Unterwegs auf den Spuren des Malers Caspar David Friedrich.
Seite 96

Königstein – Lilienstein

Auf zum „König der Steine" im Elbsandsteingebirge!
Seite 102

14

Festung Königstein

Ein Besuch der berühmtesten Bergfeste
der Sächsischen Schweiz verspricht
Burgenromantik, Schauergeschichten und
eine fantastische Aussicht.
Seite 108

15

Königstein – Weißig – Pötzscha

Man kann das Dorf am Fuß der Burg
aber auch als Startpunkt für eine höchst
abwechslungsreiche Tour hoch
über der Elbe wählen.
Seite 114

17

Bielatal

Eine kurze, aber umso eindrucksvollere
Rundwanderung durch eine
malerisch-bizarre Felsenwelt.
Seite 126

18

Gohrisch – Pfaffenstein – Königstein

Wanderfreuden im ältesten
Sommerfrische-Gebiet der Sächsischen
Schweiz.
Seite 132

Königstein – Pfaffenstein – Barbarine

Ein Felszacken, den man gesehen haben muss – ein Schnippchen, das der Schwerkraft geschlagen wurde und ein steinernes Symbol der ganzen Region!
Seite 120

19

Gohrisch – Papststein
Der 451 Meter hohe Tafelberg zieht Naturfreunde ebenso an wie sein schroffer Nachbar, der 440 Meter hohe Gohrisch.
Seite 138

20

Schrammsteinbaude – Schrammsteinaussicht
Panoramafreuden im größten zusammenhängenden Felsrevier der Sächsischen Schweiz.
Seite 144

23

Lichtenhainer Wasserfall – Kuhstall
Zielpunkt ist diesmal ein ebenso monumentales wie sagenumwobenes Felsloch.
Seite 162

24

Lichtenhainer Wasserfall – Frienstein
Raubritter hausten einst auf diesem schroffen Gebilde, das heute die Kletterer lieben.
Seite 168

Schrammsteine und Elbleitenweg

Wer die Wanderung durch die turmreiche Steinwildnis der Schrammsteine verlängert, lernt sie von allen Seiten kennen.
Seite 150

Beuthenfall – Schrammsteine

Die Obere Affensteinpromenade und das Kleine Prebischtor lassen niemanden kalt.
Seite 156

Lichtenhainer Wasserfall – Winterberg – Schmilka

Folgen wir dem „Fremdenweg", auf dem die ersten Besucher schon um 1790 kamen.
Seite 174

Neumannmühle – Zeughaus – Thorwalder Wände

Bei dieser Tour lernt man einen der seltsamsten Felstürme des Elbsandsteingebirges kennen.
Seite 182

Hinterhermsdorf – Obere Schleuse

Das Wanderparadies der Sächsischen Schweiz war in der Vergangenheit vor allem eine harte Arbeitswelt – etwa im Tal der oberen Kirnitsch, durch das man Holz zur Elbe triftete.
Seite 188

Schmilka – Kleine Bastei – Carolafelsen

Hier geht's auf eine königliche Felsklippe, die auch nach einer Königin benannt wurde.
Seite 194

Hřensko – Mezní Můstek – Janov

Eine weitere Schluchttour führt uns nach Tschechien – und zu den Erinnerungen an einen blaublütigen Outdoor-Mäzen.
Seite 200

Hřensko – Pravčická brána – Mezná

Das riesige Prebischtor gilt als eines der Wahrzeichen der Böhmischen Schweiz.
Seite 206

Gebietsübersicht

Deine 30 Touren in der Sächsischen Schweiz

SÄCHSISCHE SCHWEIZ

Moderne Seilschaft

Es sind aufstrebende Fotografinnen und Fotografen, die dich gemeinsam mit versierten Wanderern an dein Ziel führen. Erfahrung und Tatendrang treffen sich mit der gemeinsamen Sehnsucht nach den beeindruckendsten Augenblicken in der Sächsischen Schweiz.

Sebastian Weingart

Anne Köhler

Sebastian Weingart wurde 1988 in Rodewisch (Vogtland) geboren und lebt heute in Dresden. Nach seinem Studium arbeitete er als Landschaftsarchitekt. Schon mit seiner ersten Kamera unternahm er Touren in die Sächsische Schweiz.

Erfahrung zählt, Leidenschaft besteht

Mit seinem inzwischen gut ausgestatteten Equipment ist er nicht nur ein gefragter Hochzeitsfotograf, sondern auch für den Freistaat Sachsen, die TU und die Stadt Dresden, den Tourismusverband Sächsische Schweiz oder dem Outdoor-Ausrüster Globetrotter unterwegs. „Meine aufregendsten Reisen? 2008 Venezuela, 2012 USA, 2016 China, Tibet und Vietnam."

Anne Köhler, geboren und aufgewachsen in Thüringen, knipste schon im Alter von zwölf Jahren alles Mögliche mit ihrer ersten Digitalkamera – ihr Vater war ihr großes Vorbild. Auch ihre Leidenschaft zum Wandern wurde ihr quasi in die Wiege gelegt, da sie mit ihren Eltern jeden Sommerurlaub in den Alpen verbrachte. „Heute verbinde ich diese zwei Passionen in der Landschaftsfotografie. Am spannendsten finde ich daran, wie mich die Natur immer wieder aufs Neue überrascht."

Eric Friese begann 2016 zu fotografieren. Schon als Kind kam er mit seinen Eltern immer wieder an den Wochenenden in die Sächsische Schweiz – zum Wandern und Klettern. Heute lebt er in Dresden und besucht den Nationalpark so oft wie möglich. Er ist aber auch auf der ganzen Welt unterwegs, um neue Orte zu entdecken

Eric Friese

Bernhard Pollmann

und diese in seinen Bildern wiederzugeben. „Besonders freut mich, dass wir in unserer Region eine fantastische Community von Fotografen und Models aufgebaut haben. Da kommt so viel Kreativität zusammen und daraus entstehen magische Momente, die wir in Bildern und Videos festhalten."

Wolfgang Heitzmann, der Textredakteur dieses Buches, ist seit 40 Jahren in vielen europäischen Wandergebieten unterwegs. Als Tourismusberater entwickelte er überregionale Kulturprojekte; durch sein Engagement für bedrohte Naturräume wurde er zum Mitbegründer des Nationalparks Kalkalpen in Oberösterreich. Heute lebt er in Tirol und arbeitet in der Verlagsbranche. Mit 80 Wanderführern und Bildbänden über die Alpen, die Toskana und die Mittelmeerinsel Mallorca zählt er zu den erfolgreichsten Outdoor-Autoren.

Bernhard Pollmann (*1954 – †2020) hat die Wegbeschreibungen in diesem Buch verfasst. Als Autor und Fotograf von mehr als 30 Büchern über Gebiete in Deutschland, Norwegen, England, Frankreich, Tschechien und Polen war er einer der besten Kenner der Landschaften zwischen den Alpen und dem Nordmeer. Seine Bücher haben die Wanderliteratur nachhaltig geprägt.

Weitere Fotos stammen von **Sebastian Lux @sebiluks, Max Reichenbach @ma.reichenbach und Fabian Künzel @fabian_kuenzel** – vielen herzlichen Dank!

Jeder Augenblick wird mit dem Highlight der Tour vorgestellt. Bei der Vorstellung steht neben dem Fotografen der jeweiligen Tour auch sein Kürzel, unter dem man ihn auf Instagram findet, so zum Beispiel: **@ericfriese**

Deine Verantwortung

KOMPASS will dir mit diesem Wanderführer die Schönheit und Einzigartigkeit der Natur vor Augen führen. Hierfür wurden ganz besondere Orte ausgewählt. Sie gewähren dir einen atemberaubenden Blick auf die einzigartige Komposition aus natürlichen Strukturen und Elementen der jeweiligen Landschaft. Manchmal ist für das Auffinden der perfekten Perspektive ein Extraschritt auf schmalem Pfad oder in weglosem Gelände erforderlich. Gerade hier gilt es sich eigenverantwortlich und respektvoll gegenüber der Natur und den Mitmenschen zu verhalten. Die Umwelt zu schützen und den eigenen Fußabdruck minimal zu halten ist Ehrensache.

Einen Moment für die Ewigkeit festzuhalten ist nichts wert, wenn wir die Natur für die Ewigkeit zerstören.

Ehrensache

Respektiere die Landschaft, die Natur mit ihrer
Schönheit und die Gefahren.

Unterwegs zählt das Miteinander. Gegenseitige Hilfe und
Gemeinschaft wiegen mehr als das perfekte Foto.

Versuche mit öffentlichen Verkehrsmitteln oder mit dem Fahrrad anzureisen.

Gehe kein Risiko ein. Du willst deine Geschichten
schließlich noch erzählen können.

Nimm mehr Müll mit, als du in die Landschaft bringst.
Beteilige dich am Schutz unserer Umwelt.

Hinterlasse keine Spuren. Sensible Ökosysteme
sind fragil und erholen sich nur langsam.

„Plastik, Dosen und Papier,
sind den Bergen keine Zier.
Trägst du sie voller bis hierher,
trägst du sie heimwärts auch nicht schwer."

Deinen Augenblick festhalten

Fotografieren im Freien

Intention

Was will ich mit einem Bild ausdrücken oder festhalten? Zuerst sollte man sich überlegen, was man eigentlich als Ergebnis haben möchte. Danach sollte sich die Ausrüstung und der Bildaufbau richten. Es muss nicht gleich die komplette Profiausrüstung sein, um den Moment für die Ewigkeit einzufangen. Schon aus Gründen der Sicherheit sollte ein Handy mit am Berg sein. Die meisten Handykameras reichen für erste Fotoversuche vollkommen aus. Seit Bilder nicht erst aufwendig entwickelt werden müssen, kann man einfach drauflosschießen. Vor jedem Versuch sollte eine Überlegung und ein Bildkonzept stehen. Kennt man erst die Möglichkeiten und Grenzen seiner Kamera, sollte man an eine umfangreichere Ausrüstung denken. Denn jedes Objektiv, Stativ und jeder Filter hat auch sein Gewicht. Passend dazu gibt es auch einen Spruch, den man sich zu Herzen nehmen kann: „The best camera is the one that's with you" – „Die beste Kamera ist die, die man dabei hat."

Ausrüstung

Bei der Wahl der Ausrüstung muss sich jeder fragen, was er für ein Ergebnis erzielen will. Hier ein paar grundlegende Informationen: Ein Weitwinkel-Objektiv eignet sich gut für Panorama- und Landschaftsaufnahmen. Ein Objektiv mit einer klassischen Brennweite von 35 – 70 mm eignet sich, um Personen oder Ausschnitte einer Bergszene in den Vordergrund zu stellen. Die Grundregel für die Belichtungszeit ist mindestens die doppelte Brennweite. Wird der Wert unterschritten, kann ein Stativ hilfreich sein. Wenn man es etwas professioneller

angehen möchte, sollte man sich auch Gedanken über die Bildbearbeitung machen. Eine Kamera, die im RAW-Format fotografieren kann, ist dann durchaus sinnvoll. In diesem Format werden nämlich deutlich mehr Bildinformationen gespeichert und dies ermöglicht eine feinere Bildbearbeitung mit der entsprechenden Software. Wichtig ist, dass du deine Ausrüstung kennst und beherrschst. Spiele mit den Einstellungen und Möglichkeiten deiner Kamera. Bevor du deine Ausrüstung für eine Tour packst, mach dir eine kleine Checkliste: Genügend Akku (Ersatzakku, Powerbank), genügend Speicherplatz (Ersatzkarten) und versichere dich, dass Akku und Speicherkarte auch wirklich in der Kamera sind.

Komposition und Bildaufbau

Neben dem gewählten Bildausschnitt und dem Motiv ist das Licht die alles entscheidende Komponente. Für ein gutes Foto heißt es zur richtigen Zeit am richtigen Ort zu sein. Bei vollem Sonnenschein ist mit Gegenlicht und harten Schatten zu rechnen. Wolken, Morgen- und Abendstimmungen eignen sich grundsätzlich besser. Plane deine Tour so, dass du trotzdem sicher zurückkommst und eventuell eine Stirnlampe dabei hast. Im Infokasten „Dein Moment für die Ewigkeit" verraten wir Tipps und Tricks wie man Spannung in Bilder bekommt und der Moment perfekt festgehalten wird. Die Kamera zeigt dir den Aufnahmestandort und die Blickrichtung.

Deine Sächsische Schweiz

Landschaft, Geschichte, Infos

Es ist die bedeutendste Felslandschaft Deutschlands außerhalb der Alpen: Das Elbsandsteingebirge, das sich zwischen der sächsischen Landeshauptstadt Dresden und der Grenze zu Tschechien erstreckt, zeigt sich als bizarre Erosionslandschaft mit wildromantischen Schluchten („Gründen"), steil aufragenden Tafelbergen („Steinen") und mehr als tausend zum Teil über 100 Meter hohen Felstürmen, die einen deutlichen Kontrast zum nördlich benachbarten, viel sanfter modellierten Lausitzer Granitgebirge bilden.

der Hohe Schneeberg; den höchsten Punkt der Sächsischen Schweiz markiert der Große Zschirnstein (560 Meter). Die nicht zuletzt durch die Werke des italienischen Vedutenmalers Bernardo Bellotto bekannt gewordene Stadt Pirna, bei der die Elbe dieses einzigartige Bergland verlässt, liegt auf einer Seehöhe von 118 Metern. Dazwischen findet man heute ein dichtes Netz hervorragend ausgeschilderter Wanderrouten und teils luftiger Steiganlagen mit Treppen, Leitern und Stegbrücken.

Wandern, wandern, wandern! Das ist vielleicht das Schönste, was man im Elbsandsteingebirge machen kann.

www.saechsische-schweiz.de

Begeisterte Reisebeschreibungen und Gemälde von Malern der Romantik haben dem einst als „Meißner Hochland" bezeichneten Gebiet beiderseits der Elbe am Ende des 18. Jahrhunderts zum Ehrentitel „Sächsische Schweiz" verholfen. Die „Böhmische Schweiz" in der südlich anschließenden Tschechischen Republik weist zwar weniger, aber dafür umso markantere Berggestalten und sogar einen gut erhaltenen Urwald auf. Da wie dort stehen die wertvollsten Teile der Landschaft als Nationalpark unter strengem Schutz (www.nationalpark-saechsische-schweiz. de, www.npcs.cz/de). Den Kulminationspunkt des Elbstandsteingebirges bildet der 722 Meter hohe Děčínský Sněžník,

Dabei wird zwischen einfachen Wanderwegen (mit grünen, weiß beschrifteten Wegweisern und farbigen Wegemarkierungen), schwierigeren Wanderpfaden und Bergpfaden für versierte Bergwanderer (Sondermarkierung: grüner Pfeil auf grauem Untergrund) unterschieden. Dazu kommen zahlreiche Kletterzugänge (schwarzer Pfeil auf weißem Untergrund), denn das Elbsandsteingebirge ist auch ein traditionsreiches und weltweit bekanntes Klettergebiet. 200 Jahre nach den Zeiten der Romantik bietet die Sächsische Schweiz also nicht nur unvergessliche Augenblicke in einer wilden Naturlandschaft, sondern auch eine perfekte wandertouristische Infrastruktur.

Dein Augenblick

Tourenbeschreibungen

1 Bärenstarker Einstieg

Die Bärensteine erheben sich in nebliger Ferne, wenn man von der Bahnstation mit dem poetischen Namen Obervogelgesang losgeht. Nebulös bleibt auch, dass der Kleine Bärenstein um 11 Meter höher ist als der Große.

Bilder von: **Eric Friese @ericfriese**

Obervogelgesang – Bärensteine

Tourencharakter
Landschaftlich hervorragende Wald- und aussichtsreiche Grünlandwanderung auf überwiegend bequemen Wegen und Pfaden, teilweise Stufen/Treppen.

Start
S-Bahnhof Obervogelgesang (110 m) in Pirna-Obervogelgesang. Anfahrt auf der B 172 Dresden–Pirna–Bad Schandau, in Pirna abzweigen Richtung Struppen, in Struppen abzweigen Richtung Obervogelgesang; die Zufahrt ist eine für den öffentlichen Verkehr gesperrte Anliegerstraße, unten an der Elbwiese unterhalb des Gasthofs gibt es einen kleinen Parkplatz.

Ziel
Pötzscha, S-Bhf. Stadt Wehlen (115 m).

Schwierigkeit: **leicht** - mittel - schwer
Dauer: **3:00 h**
Länge: **8,3 km**
Aufstieg **230 hm**
Abstieg **220 hm**

04 Pötzscha, S-Bhf.
Stadt Wehlen

01 S-Bhf. Ober-
vogelgesang

02 Naundorf

03 Kleiner
Bärenstein

Höhenlinienmodell mit Streckenverlauf

Höhenprofil

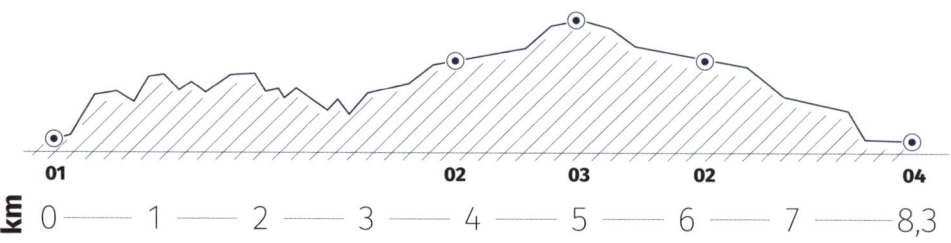

Felsen sind zu Stein gewordene Musik.

Pythagoras von Samos (um 570 – 510 v. Chr.)

Mystische Nebelstimmung im Elbsandsteingebirge.

Diese abwechslungsreiche und einfache Tour ist die ideale Annäherung an das Elbstandsteingebirge. Vom S-Bahnhof des kleinen Ortes Obervogelgesang führt diese naturschöne Streckenwanderung auf den linkselbischen Höhen zum aussichtsreichen Kleinen Bärenstein und hinab zum S-Bahnhof Wehlen in Pötzscha. Während der Wanderung, die mit Ausnahme weniger Punkte vergleichsweise wenig begangen wird, rücken nach und nach fast sämtliche Fels- und Bergschönheiten der Sächsischen Schweiz ins Blickfeld, wobei der Lilienstein mit seiner markanten westlichen Schmalseite als beeindruckendste Gestalt erscheint.

▶ Zum Auftakt der Wanderung sollte man den 2-Minuten-Abstecher zur Elbwiese unterhalb vom Bahnhof und Gasthof Obervogelgesang **01** unternehmen. Hier befindet sich ein Rastplatz am Elberadweg (auf dem man von Pötzscha aus zurückwandern kann, wenn man nicht die S-Bahn nehmen will). Man hat einen schönen Blick auf die bewaldeten Steilhänge des Elbtals, direkt gegenüber zeigt sich zwischen Laubbäumen das Fährhaus Zeichen. Von der Elbwiese kehren wir zurück, unterqueren den Bahndamm – um am Fuß der steilen Felswände die Bahnlinie anlegen zu können, wurden Mitte des 19. Jhs. fast 2 km lange Stützmauern errichtet –, folgen der Rotpunkt-Markierung steil links hinauf zur Königsnase und genießen oberhalb der Felsen den ausgezeichneten Ausblick in das Elbtal. Weitgehend eben führt der Weg/Pfad durch die Wälder an der Abbruchkante hoch über dem Elbtal sowie durch aussichtsreiche Wiesen, durchquert das Dorf Naundorf **02** und leitet hinauf zum Kleinen Bärenstein **03** 📷.

Während der Rotpunkt-Weg weiter nach Königstein führt (dort besteht die Möglichkeit, mit der Bahn zurückzufahren), machen wir kehrt, gehen zurück nach Naundorf, zweigen am Ortsrand rechts ab („Rotstrich") und lassen uns durch den Damengrund nach Pötzscha **04** hinableiten.

Markante Berggestalten umgeben den Kleinen Bärenstein

Dein Moment für die Ewigkeit

Deine Blende

Die Blende beeinflusst, wieviel Licht durch das Objektiv fällt. Öffnest du die Blende (niedriger Wert), verkleinerst du auch den scharfen Bereich des Bildes. Mit einer Blendenöffnung von f/4 wird die Person scharf im einfallenden Morgenlicht eingefangen, während unmittelbarer Vordergrund und Hintergrund leicht verschwimmt.

2 Berühmter Basteiblick

Carl Nicolai und Hans Christian Andersen haben ihre Felswucht beschrieben, Caspar David Friedrich und sein norwegischer Freund Johan Clausen Dahl haben sie in starken Bildern verewigt: Ein Eyecatcher war die Bastei schon in der Zeit der Romantik.

Bilder von: **Sebastian Lux @sebiluks**

Stadt Wehlen – Bastei – Hohnstein

Tourencharakter
Wald-, Wiesen- und Schluchtenwanderung auf Wegen, Pfaden und Steigen unterschiedlicher Beschaffenheit, teils mit Stufenanlagen.

Start
S-Bahnhof Stadt Wehlen (220 m), Anleger der Personenfähre beim Markplatz. Zwischen Pötzscha und Wehlen pendelt täglich von 4.40 bis 23.50 Uhr eine Personenfähre.

Ziel
Burgstadt Hohnstein (294 m).

Schwierigkeit: leicht - **mittel** - schwer
Dauer: **4:00 h**
Länge: **11,5 km**
Aufstieg **400 hm**
Abstieg **330 hm**

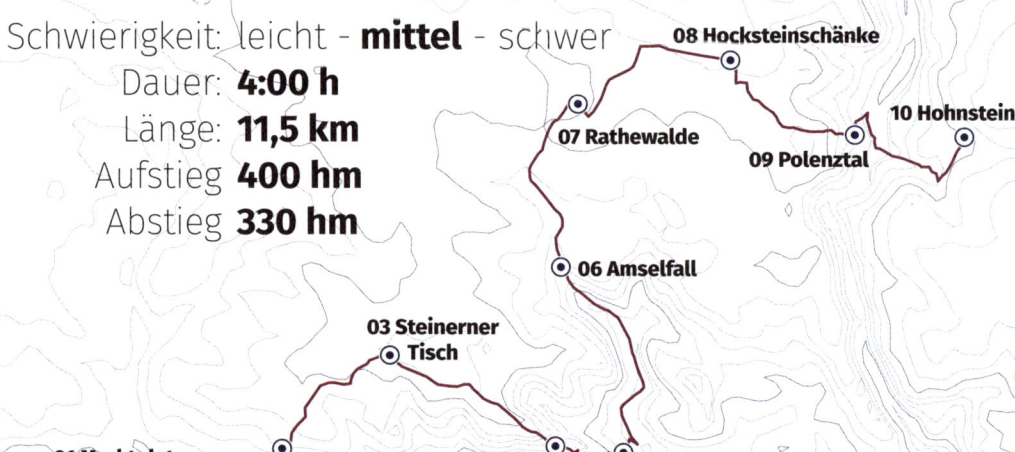

Höhenlinienmodell mit Streckenverlauf

Höhenprofil

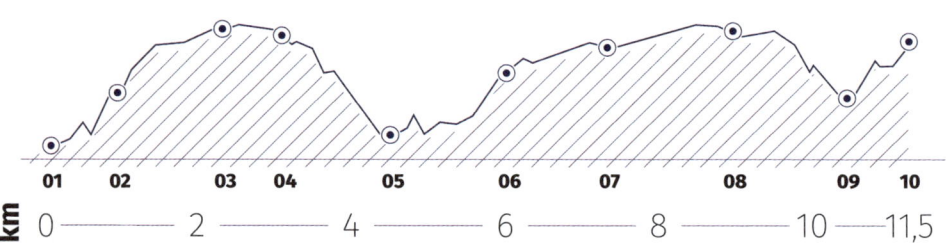

Mit der Bastei und dem Hockstein führt der Malerweg zu zwei bedeutsamen Aussichtsfelsen der Sächsischen Schweiz. Der Amselgrund mit dem Amselfall im Nationalpark ist die malerischste Schlucht am Malerweg, die Burgstadt Hohnstein am Etappenziel die schönste Bergstadt des Elbsandsteins.

▶ Vom Anleger der Personenfähre beim Marktplatz der Stadt Wehlen **01** folgt der Malerweg dem Uferweg und der Mennickestraße kurz elbaufwärts Richtung Rathen, zweigt beim Haus Nr. 33 schräg links in den Schwarzberggrund hinauf ab und erreicht nach einer Stufenpassage die Schwarzbergaussicht **02** mit schönem Blick auf das Elbtal. Der Schanzenweg führt zurück in den Schwarzberggrund, dann lädt die autofreie Waldgaststätte Steinerner Tisch **03** an einer Wanderwegekreuzung mitten im Wald zur Einkehr ein. Am namensgebenden Steintisch fand 1710 ein kurfürstliches Hofessen statt. Vom Steinernen Tisch führt der Malerweg auf dem „Fremdenweg" weiter Richtung „Bastei", erreicht an einem Kiosk die hier autofreie Basteistraße und folgt ihr rechts; noch vor den Restaurants ist links

die großartige Wehlsteinaussicht ausgeschildert, dann geht es am Kaffeegarten und am Panoramarestaurant vorbei zum Aussichtspunkt Bastei **04** über der Elbe.

Von der Aussichtskanzel ganz kurz zurück und rechts ab Richtung Felsenburg Neurathen und Basteibrücke 🔴. Am basteiseitigen Ende der Basteibrücke lohnt der kurze Abstecher zum auf Leitern erreichbaren Ferdinandstein, auf dem der österreichische Kaiser den Blick auf die Felsenburg mit der Großen Steinschleuder, den Großen Wehlturm, die Kleine Gans und hinab in den Wehlgrund genoss. Die 76,5 m lange Basteibrücke führt über die Felsschlucht der Martertelle zum Neurathener Felsentor, das auf zahlreichen Gemälden und Radierungen der Romantik dargestellt ist (C. D. Friedrich, Ludwig Richter). Hier befindet sich auch der Zugang zur Felsenburg Neurathen. Von der bald erreichten Kanapee-Aussicht sind noch einmal die Bastei sowie der von einer als Wetterfahne fungierenden Mönchsfigur bekrönte Mönch-Felsturm in Sicht. Beim Tiedgestein passiert der Wanderweg zwischen mächti-

Solide Stege ermöglichen hier wahre Höhenflüge.

gen Felsen den ehemaligen Pferdestall des einstigen unteren Zugangs der Felsenburg Neurathen. Der nach dem Romantikdichter Christoph Tiedge benannte Aussichtsfelsen (Rosenbettfels) bietet einen fantastischen Blick auf die höchsten Berge und markantesten Steine (von links: Lilien-, Paffen- und Königstein) des Elbsandsteingebirges, am wärts, während rechts unten der Grünbach plätschert, der sich nach starken Regengüssen in ein tosendes Wildwasser verwandeln kann. In den Ruinen der Rathewalder Mühle ist wieder Leben entstanden: Im Biergarten und in der Gaststube kann man Kraft schöpfen für den weiteren Aufstieg (www.rathewalder-muehlen.de). An-

Der Weg ist immer besser als die schönste Herberge.
Miguel de Cervantes (1547 – 1616)

markantesten ist ganz links der Basaltkegel des Rosenbergs. Passagenweise in schönem Laubwald geht es abwärts und vorbei am Burghotel Altrathen (www.burg-altrathen. de), dann mündet der Malerweg am Gasthof „Sonniges Eck" (www.sonnigeseck.de) in die Straße Am Grünbach im autofreien Kurort Niederrathen **05**.

Im Grünbachtal führt der Malerweg aufwärts und wechselt am Hotel Amselgrundschlösschen (www.landhaus-nicolai. de) links hinauf in den ausgeschilderten Amselgrund, der vom Grünbach durchflossen wird. An der Kasse der Felsenbühne Rathen bietet sich der kurze Abstecher in den Wehlgrund an, dann geht es am Amselsee entlang und weiter aufwärts neben dem Grünbach im tief eingeschnittenen Tal auf dem bewaldeten Grund. Wenn der Weg oberhalb der Schwedenlöcher-Abzweigung mehr ansteigt, beginnt der Grünbach in Kaskaden über das Blockwerk zu tanzen, in dieser wildromantischen Szenerie steht das Gasthaus Amselfallbaude am Amselfall **06**. Bis zum Amselfall ist der Wanderweg im Amselgrund bequem, dann verengt sich das Grünbachtal zu einer klammartigen Schlucht, steiler führt der nun geländergesicherte Malerweg im Felsenhang auf-

stelle des Fels- und Waldbodens erhält der Weg nun einen festen Belag und erreicht am oberen Ansatz des Tals die Gaststätte Lindengarten am Rand des Kirchdorfs Rathewalde **07**. Die Dorfkirche wurde nach der Zerstörung im Dreißigjährigen Krieg auf romanischen Grundmauern neu errichtet; an den Wänden finden sich Reste barocker Wandmalereien. Das Erlebnisbad Rathewalde ist ein Freibad, das durch eine Beckenwasserheizung Familien auch an kühleren Tagen anlockt.

Vor der Dorfkirche wechselt der Malerweg rechts in die Teichstraße und an der ersten Kreuzung links in den Querweg, der in aussichtsreicher Feldflur zur Hohnsteiner Straße hinaufführt. Auf einem Pfad längs der Straße geht es rechts zur Gaststätte und Pension Hocksteinschänke **08** (www. hocksteinschaenke.de) am Wartenberg. Die Bergschänke bietet einen erstklassigen Panoramablick zum Lilienstein, zur Festung Königstein und zur Bastei.

Von der Hocksteinschänke geht es längs der Straße kurz südwärts, bis der Malerweg am Hockstein-Parkplatz in der Linkskurve rechts auf den Hocksteinweg abzweigt und ihm im Wald zum Hockstein folgt. Der

Dein Moment für die Ewigkeit

(Kon)zentriere dich

Mit gewählt gesetzten Fluchtpunkten kannst du Tiefe in dein Bild bringen. Der zentrierte Weg eingerahmt von der Brückenbegrenzung, der von der Linse direkt ins Bild führt, nimmt den Betrachter gleich mit in die Szenerie. Da das Model zusätzlich auf den selben Punkt im Bild zuläuft, verstärkt sich die Sogwirkung.

Typische, flach geschichtete Sandsteinformationen.

mehr als 150 m aus dem Polenztal an der Grenze zwischen dem Granit- und dem Sandsteingebirge aufragende Hockstein (291 m) trägt Reste einer mittelalterlichen Burganlage und ist einer der faszinierendsten Aussichtsfelsen der Sächsischen Schweiz, nordwärts schweift der Blick auf das granitische V-Tal, ostwärts auf die Burgstadt Hohnstein und südlich von Hohnstein in den Beginn des Sandstein-Canyons.

Der Wanderweg verlässt den Gipfelbereich (Schutzhütte) über die steinerne Teufelsbrücke (1821), die im 19. Jh. ein beliebtes Motiv für Maler war, und senkt sich durch die Wolfsschlucht steil hinab ins Polenztal **09**, wo die Gasthaus-Pension „Polenztal" (www.polenztal.de) mit Biergarten am Fuß der Felswände zum Kraftschöpfen für den folgenden Anstieg einlädt.

Nach Überqueren der Polenz hinter der Gaststätte folgt der Malerweg dem Lehrpfad längs des Schindergrabens aufwärts. Lehrtafeln erläutern, dass der Schindergraben seinen Namen ganz unromantisch dem Hohnsteiner Abdecker („Schinder") verdankt, der hier im 16. Jh. totes und todkrankes Vieh entsorgte, um der Entstehung von Seuchen und Krankheiten vorzubeugen. Heute bietet der Schindergraben gute Wuchsbedingungen für einen Schluchtwald mit zahlreichen Eschen sowie seltenen Farnarten wie Straußenfarn, Grüner Streifenfarn und Natternzunge ebenso wie für viele Moose und Flechten.

An der Verzweigung nach Passieren des Götzinger-Medaillonbildnisses geht es links hinauf am historischen Bärengarten vorbei; der Bärengarten in der von Kaskaden durchbrausten Schlucht unterhalb des Hohnsteiner Burgfelsens ist ein verfallenes Relikt (Mauerreste) des Absolutismus. Im Jahr 1609 ließ Kurfürst Christian II. von Sachsen hier eine Anlage zur Aufzucht von Bären errichten, um die Tiere bei Hetzjagden abschießen zu können. Am Waldrand mündet der Wanderweg in die Stichstraße Bärengarten und führt hinauf ins Zentrum der Burgstadt Hohnstein **10**, der malerischen Bergstadt der Sächsischen Schweiz. Der Schriftsteller Carl Heinrich Nicolai vermerkt 1801 in seinem Wanderbericht, dass er „mit Staunen das Städtchen mit dem Schloss hoch über sich wie in den Wolken schweben" sah. Die Bergstadt liegt am Nordrand des Nationalparks Sächsische Schweiz an genau der Stelle, wo die „Lausitzer Störung" den Wechsel von Granit und Sandstein bewirkt. Unterhalb von Hohnstein bildet das Polenztal den bedeutendsten Canyon des Sandsteingebirges und oberhalb ein für seine Märzenbecherbestände bekanntes Granittal.

Die Gebäudegruppe der ursprünglich um 1200 errichteten Burg (15./16. Jh.) wurde ab 1534 wechselweise als Gefängnis, Jagdschloss und „Correktionsanstalt für arbeutsscheue Männer" genutzt, in den goldenen 1920er Jahren zur größten Jugendherberge Deutschlands ausgebaut und nach der Machtübernahme der Nationalsozialisten in ein Konzentrationslager umgewandelt. Heute beherbergt sie ein Naturkunde- und Historisches Museum sowie das Naturfreundehaus Burg Hohnstein mit Jugendgästehaus.

Im Ortsbild der Bergstadt mit ihren gut erhaltenen Fachwerkhäusern ragt die evangelische Stadtkirche hervor. Die 1725–1728 nach Plänen von Georg Bähr errichtete Chorturmkirche zählt zu den schönsten Barockkirchen der Sächsischen Schweiz.

3 Raues Wandervergnügen

Einen Kilometer ist er lang, der Rauenstein, bis zu 400 Meter breit und 304 Meter hoch. Ein stufen-, brücken- und leiterreicher Wanderweg führt seit 1885 über den Kamm des zerklüfteten Felsmassivs, das eine gemütliche Berggaststätte krönt.

Bilder von: **Sebastian Weingart**
@wunderwaldphoto

Pötzscha – Rauenstein

Tourencharakter
Wald-, Wiesen- und Aussichtswanderung auf Wegen, Pfaden und stufenreichen
Steigen.

Start und Ziel
S-Bahnhof Stadt Wehlen in Pötzscha; Anfahrt auf der B 172 Dresden–Pirna–
Bad Schandau, in Pirna abzweigen Richtung Struppen, in Struppen abzweigen
Richtung Stadt Wehlen; die schmale Stichstraße endet in Pötzscha (Parkplatz
unten am Fähranleger).

Schwierigkeit: leicht - **mittel** - schwer
Dauer: **2:30 h**
Länge: **7,1 km**
Aufstieg **270 hm**
Abstieg **270 hm**

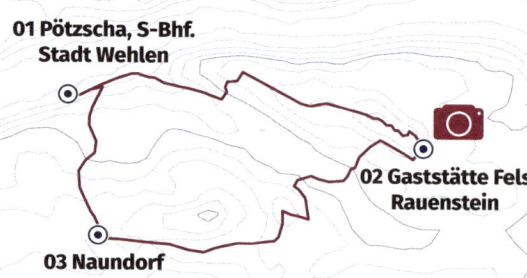

01 Pötzscha, S-Bhf.
Stadt Wehlen

02 Gaststätte Fels
Rauenstein

03 Naundorf

Höhenlinienmodell mit Streckenverlauf

Höhenprofil

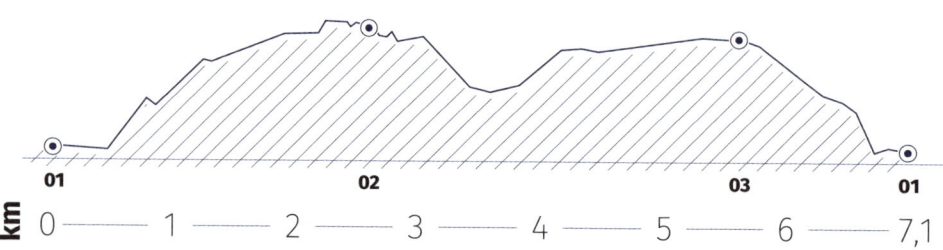

Der Rauenstein ist ein 1.000 Meter langes und bis zu 400 Meter breites, stark zerklüftetes Felsmassiv, das 1885 durch eine Steiganlage wandertouristisch erschlossen wurde und auf dessen höchster Erhebung seit 1893 eine Bergwirtschaft zur Einkehr lädt.

Wald auf Fels – der Rauenstein.

Den aussichtsreichen Rauenstein links über dem Rathener Elbbogen erschließt der als anspruchsvoll geltende Rauensteinkammweg. In spürbarem Auf und Ab führt er über Stufen und Leitern durch eine malerisch-bizarre Felsenwelt.

▶ Vom S-Bahnhof Stadt Wehlen in Pötzscha **01** gehen wir im Ort talaufwärts, bald längs der schmalen Stichstraße, die von Struppen hierher ins Dorf führt. Im Haus Nr. 40 befindet sich eine Gedächtnisstätte für den Maler Robert Sterl (1867–1932), der mit seinen Steinbrechbildern den Schwerarbeitern seiner Heimat ein eindrucksvolles

Denkmal setzte. Nach wenigen Minuten verlässt die Markierung „Gelbstrich" die Stichstraße, führt teils in aussichtsreichem Wiesenland, teils im Wald über den Gansrücken und erreicht die Verzweigung am Fuß des Rauensteins. Während der Gelbstrich-Kammweg nun links hinauf auf den Rauenstein abzweigt, lohnt der Abstecher geradeaus durch eine Felsgasse abwärts zum Pudelstein, der mit zentimetergroßen „Warzen" aus brauneisenhaltigem Sandstein bedeckt ist. Bemerkenswert sind auch die sanduhrähnlichen Sandsteinpfeiler, hinter denen sich geräumige Höhlen öffnen. Nach diesem Abstecher kehren

Immer wieder tun sich herrliche Ausblicke auf.

wir zurück zum Gelbstrich-Weg, der im Rauensteinkammweg weitergeht und in zahlreichen Auf- und Abstiegen (Stufen, Brücken, Leitern) durch das von Schluchten gegliederte Massiv des Rauensteins führt 📷. Nach Durchsteigen der Lehmannschlucht erreicht der Kammweg den aussichtsreichen höchsten Punkt, auf dem eine Gaststätte **02** steht.

Nach dem kurzen Stufenabstieg vom Rauenstein treffen wir an einer Wegverzweigung auf die von Rathen heraufführende Rotstrich-Markierung und folgen ihr rechts. Sie verlässt gleich darauf den Wald

und führt anfangs aussichtsreich, dann im Wald hinüber in das Trockental zwischen den Bärensteinen, zerklüfteten Felsmassiven, die ungeachtet ihres Namens nicht die charakteristische Tafelbergform der anderen „Steine" aufweisen. Der höhere der beiden Bärensteine ist der Kleine Bärenstein (338 m).

Nach dem Abstecher auf einen oder auf beide Bärensteine folgen wir dem „Rotstrich" weiter nach Naundorf **03**, zweigen am Ortsrand rechts ab und lassen uns durch den Damengrund zum Ausgangspunkt **01** zurückleiten.

Dein Moment für die Ewigkeit

Mit Farbe gegen Schatten

Während der Lilienstein hier noch in der Sonne ruht, liegt in der Ebene zwischen ihm und der Kamera schon der Schatten. Damit der große Schattenanteil das Bild nicht langweilig macht und zu dunkel, gibt es einige Tricks. Einer ist, sich einen farbigen Vordergrund zu suchen und so mit einer weiteren, spannenden Ebene dem Schatten zu kontern.

4 Schaugenuss überm Fluss

Ein Aussichtspunkt pro Tour ist zu wenig?
Kein Problem, die Umrundung der Elbe zwischen der über 700 Jahre alten Stadt Wehlen
und dem Kurort Rathen bietet mehr davon.

Bilder von: **Sebastian Weingart**
@wunderwaldphoto

Wehlen – Rathen – Pötzscha

Tourencharakter
Nördlich der Elbe bequeme Waldwanderung mit steilem, aussichtsreichem Abstieg; südlich der Elbe Treppen und Stufen über den Rauensteinkammweg.

Start und Ziel
S-Bahnhof Stadt Wehlen (115 m) an der Bahnhofstraße im linkselbischen Ortsteil Pötzscha an der Linie Dresden – Schöna; alternativ Elbufer-Parkplatz in Wehlen an der Straße „Elbufer". Zwischen Pötzscha und Wehlen pendelt täglich von 4:40 bis 23:50 Uhr eine Personenfähre.

Schwierigkeit: leicht - mittel - **schwer**
Dauer: **3:15 h**
Länge: **10,0 km**
Aufstieg **370 hm**
Abstieg **370 hm**

Höhenlinienmodell mit Streckenverlauf

Höhenprofil

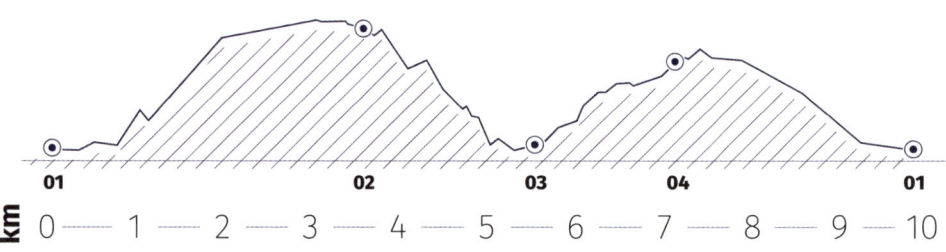

Der Fluss und die Burg Welyn waren die Grundlage für eine Siedlung von Schiffern, Fischern, Leinewebern und Steinbrechern.

www.stadt-wehlen.info

Die Runde zwischen der Burgstadt Wehlen und dem Kurort Rathen führt zur Bastei, dem berühmtesten Aussichtsfelsen der Sächsischen Schweiz, auch der zerklüftete Rauenstein südlich des Flusses bietet ein einmaliges Panorama des Elbsandsteingebirges.

▶ Vom S-Bahnhof Stadt Wehlen in Pötzscha **01** führt der Weg hinab zur Elbe, wo die Personenfähre täglich von 4.40 bis 23.50 Uhr zwischen Pötzscha und Stadt Wehlen pendelt. Vom Anleger vor der Burgstadt Wehlen leiten der Uferweg und die Mennickestraße kurz elbaufwärts Richtung Rathen. Beim Haus Nr. 33 zweigt schräg links der Wanderpfad in den Schwarzberggrund hinauf ab und erreicht nach einer Stufenpassage die Schwarzbergaussicht mit schönem Blick auf das Elbtal ⬤. Der Schanzenweg führt zurück in den Schwarzberggrund, dann lädt die autofreie Waldgaststätte Steinerner Tisch zur Einkehr ein. Vom Steinernen Tisch folgt der Malerweg dem „Fremdenweg" weiter Richtung „Bastei", erreicht an einem Kiosk die hier autofreie Basteistraße und folgt ihr rechts; noch vor den Restaurants ist links die großartige Wehlsteinaussicht ausgeschildert, dann geht es am Kaffeegarten und am Panoramarestaurant sowie dem Nationalparkhaus Schweizerhaus vorbei zum Aussichtspunkt Bastei **02** über der Elbe. Von der Aussichtskanzel ganz kurz zurück und rechts ab Richtung Felsenburg Neurathen und Basteibrücke. Am basteiseitigen Ende der

Basteibrücke lohnt der kurze Abstecher zum auf Leitern erreichbaren Ferdinandstein, auf dem der österreichische Kaiser den Blick auf die Felsenburg mit der Großen Steinschleuder, zum Großen Wehlturm, zur Kleinen Gans und hinab in den Wehlgrund genoss. Die 76,5 m lange Basteibrücke führt über die Felsschlucht der Martertelle zum Neurathener Felsentor, das auf zahlreichen Gemälden und Radierungen der Romantik dargestellt ist (C. D. Friedrich, Ludwig Richter). Hier befindet sich auch der Zugang zur Felsenburg Neurathen. Von der bald erreichten Kanapee-Aussicht sind noch einmal die Bastei sowie der von einer als Wetterfahne fungierenden Mönchsfigur bekrönte Mönch-Felsturm in Sicht. Beim Tiedgestein passiert der Wanderweg zwischen mächtigen Felsen den ehemaligen Pferdestall des einstigen unteren Zugangs der Felsenburg Neurathen. Der nach dem Romantikdichter Christoph Tiedge benannte Aussichtsfelsen (Rosenbettfels) bietet einen fantastischen Blick auf die höchsten Berge und markantesten Steine (von links: Lilien-, Pfaffen- und Königstein) des Elbsandsteingebirges, am markantesten ist ganz links der Basaltkegel des Rosenbergs. Passagenweise in schönem Laubwald geht es abwärts und vorbei am Burghotel Altrathen (www.burg-altrathen.de), dann mündet der Malerweg am Gasthof „Sonniges Eck" (www.sonnigeseck.de) in die Straße Am Grünbach im autofreien Kurort Niederrathen.

Am Anleger der Gierseilfähre in Neurathen besteht die Möglichkeit, rechts auf der autofreien Promenade nach Wehlen zurückzuwandern. Wer über den Rauenstein zurückwandern will, setzt mit der Gierseilfähre nach Oberrathen **03** über, geht zum Bahnhof hinauf (direkte S-Bahn-Verbindung zurück nach Wehlen) und folgt der Markierung „Rotstrich" aussichtsreich aufwärts an den Fuß der Rauenstein-Felsen. Hier geht es steil hinauf durch

die Felsen auf Stufenanlagen, oben auf dem aussichtsreichen Rauenstein **04** lädt die Gaststätte Fels Rauenstein zur Einkehr ein.

An der Berggaststätte beginnt der Rauenstein-Kammweg. In passagenweise steilen Auf- und Abstiegen leitet er über das zerklüftete Felsmassiv, immer wieder auf Brücken, Leitern und Stufenanlagen, vorbei an zahlreichen Aussichtsstellen. Nach dieser knapp 1 km andauernden „Kletterpartie" wird der Gelbstrich-Weg bequem und leitet über den bewaldeten Gansrücken hinab nach Pötzscha **01**, dem linkselbischen Ortsteil der Stadt Wehlen. Der Name der zum S-Bahnhof hinabführenden Robert-Sterl-Straße ehrt den impressionistischen Maler Robert Sterl (1867–1932), der mit Steinbrechbildern den Schwerarbeitern seiner Heimat ein eindrucksvolles Denkmal gesetzt hat; das Kunstmuseum Robert-Sterl-Haus befindet sich in Haus Nr. 40, dem Wohnhaus des Malers.

Ein Zwiegespräch?

Dein Moment für die Ewigkeit

Den Blick lenken

Die Positionierung und der Verlauf der Elbe vom vorderen Bildteil in sanften Kurven in die Ferne gehend leiten die Blicke des Betrachters. Das Auge folgt dem Flusslauf und wird so mit ihm in die Ferne gezogen. Versuche solche blickführenden Elemente in deinem Bildaufbau mit einzuplanen.

5 Satanische Schlucht

Den Teufel hat Caspar David Friedrich sicher nicht gefürchtet: Immerhin biwakierte er um 1801 sogar in der wilden Schlucht zwischen dem Teufelsgrund und Uttewalde, um sie bei Vollmond zu malen. Das hat sich, wie die Kunstgeschichte lehrt, ausgezahlt.

Bilder von: **Sebastian Weingart**
@wunderwaldphoto

Wehlen – Teufelsgrund – Uttewalder Grund

Tourencharakter
Schluchtenwanderung, die festes Schuhwerk erfordert. Da die Route mehrfach von einem Grund in den anderen wechselt, sind auch mehrere kurze, steile An- und Abstiege (gestuft) zu bewältigen.

Start und Ziel
S-Bahnhof Stadt Wehlen (115m) an der Bahnhofstraße im linkselbischen Ortsteil Pötzscha an der Linie Dresden–Schöna; alternativ Elbufer-Parkplatz in Wehlen an der Straße „Elbufer". Zwischen Pötzscha und Wehlen pendelt täglich von 4.40 bis 23.50 Uhr eine Personenfähre.

Schwierigkeit: leicht - **mittel** - schwer
Dauer: **3:00 h**
Länge: **10,6 km**
Aufstieg **260 hm**
Abstieg **260 hm**

03 Gaststätte Wald-
idylle Felsentor

04 Steinerner
Tisch

02 Märkelstein

01 Pötzscha, S-Bhf.
Stadt Wehlen

Höhenlinienmodell mit Streckenverlauf

Höhenprofil

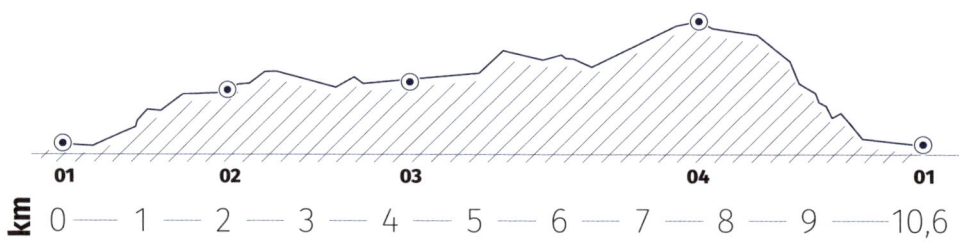

Diese überaus beeindruckende Schluchtenwanderung führt durch einige der „altberühmten" Felsgründe, die dank ihrer damaligen Kulturferne den Romantikern als Quelle der Begeisterung dienten.

▶ Vom S-Bhf. Stadt Wehlen im linkselbischen Ortsteil Pötzscha **01** geht es hinab zur Elbe und mit der Personenfähre hinüber in den Erholungsort Stadt Wehlen, wo der Pflanzengarten und die aussichtsreiche Burgruine lohnenswerte Abstecher bilden, ehe die Markierung „rote Scheibe" vom Marktplatz hinauf in den Wehlener Grund leitet. Der geteerte Wanderweg verläuft zwischen den himmelhoch aufragenden Felsen. An den Hängen streben Buchen, Ahorne und bis zu 40 m hohe Altfichten zum Licht. Das mit Platten ausgelegte Bachbett liegt meist trocken, da das Niederschlagswasser im durchlässigen Sandstein versickert, nach heftigen Regengüssen und während der Schneeschmelze können jedoch große Wassermassen durch den Wehlener Grund tosen. Am Märkelstein **02** verlassen wir den Asphaltweg und folgen der Markierung. „Gelbstrich" in den wildromantischen Teufels-grund. Der zur Zeit der Romantik aufgekommene Name verweist auf die „Erschröcklichkeiten" in diesem klammartigen Grund. Der teilweise gestufte Pfad/Steig windet sich zwischen eng stehenden, bemoosten Felswänden. Unter Felsüberhängen muss man den Kopf ebenso einziehen wie unter Felstoren, die von herabgestürzten Felsblöcken gebildet wurden, und stellenweise kommt man nur gebückt vorwärts. In der Teufelskammer finden sich ausgeprägte Strudellöcher. Zuletzt führen Stufen aufwärts, oben wenden wir uns links und steigen wenig später steil links durch die unwegsamen Teufelsschlüchte ab **◉**. In dieser von Süden in den Teufelsgrund einmündenden kurzen Klamm öffnet sich die

Heringshöhle, eine ausgewaschene Klufthöhle, deren Boden herabgestürzte Felsblöcke bedecken. Nach diesem Abstecher kehren wir zurück zum Asphaltweg im Wehlener Grund und folgen ihm weiter aufwärts. An der nächsten Verzweigung biegen wir links auf den ungeteerten, bequemen Waldweg in den imposant von senkrecht aufragenden Felswänden flankierten Uttewalder Grund ab (Mark. „Grünstrich") und finden in der Gaststätte Waldidylle **03** eine autofreie Einkehrmöglichkeit rechts der durch herabgestürzte Felsblöcke entstandenen Teufelsküche und des an einer Engstelle des Grundes durch einen Klemmblock über dem

Wenig Wasser, aber viel Wandervergnügen…

Leitern leiten durchs Labyrinth.

Weg gebildeten Uttewalder Felsentors. Kurz oberhalb des Felsentors verlassen wir den Uttewalder Grund rechts auf dem Bruno-Barthel-Weg (Markierung „Gelbstrich"), der anfangs steil und gestuft durch die Felsflanke führt, dann als pfadartiges Weglein still durch den Wald auf einer Hochfläche zwischen den Gründen leitet und schließlich auf einen Wirtschaftsweg (den ersten) mündet. Während der Bruno-Barthel-Weg diesem Weg kurz aufwärts folgt, gehen wir kurz abwärts (Richtungsschild „Wehlen") und zweigen links ab auf einen Pfad, der hinab in den Kohlgrund führt. In diesem imposanten Felsgrund wandern wir auf dem Teerweg abwärts und biegen an der ersten Verzweigung links hinauf in den ebenso großartigen Höllengrund ab (rechts kann man durch den Zscherregrund nach Wehlen abkürzen). Ein ungeteertes, steiniges, mit „roter Scheibe" markiertes Weglein führt zwischen grün bemoosten Felswänden und an der Schiefertafel (große Sandsteinplatte) vorbei hinauf und erreicht bald nach der Kreuzung mit dem Steinrückweg (Wirtschaftsweg, der rechts hinab nach Wehlen führt) das Waldgasthaus Steinerner Tisch **04** im Wald am Rand des Nationalparks. Am namensgebenden Steinernen Tisch fand 1710 ein kurfürstliches Hofessen statt; 1994 wurde der Tisch erneuert.

Bei klarer Sicht empfiehlt sich vom Steinernen Tisch aus auf jeden Fall der Abstecher zur nahen Bastei (15 Min.), ansonsten beginnen wir hier den Abstieg. Kurz vor dem Gasthaus zweigt dann von unserem Aufstiegsweg scharf rechts und recht steil der Schwarzbergweg ab und führt durch den Schwarzberggrund – oberhalb davon die Schwarzbergaussicht (lohnender kurzer Abstecher) – nach Wehlen bzw. Pötzscha **01** zurück.

Dein Moment für die Ewigkeit

Tiefe

Es gibt mehrere Möglichkeiten einem Bild Tiefe zu verleihen. Hier zieht uns der starke Lichtkontrast geradezu in das Zentrum des Bildes. Die Öffnung im Stein öffnet auch das Bild in die Tiefe.

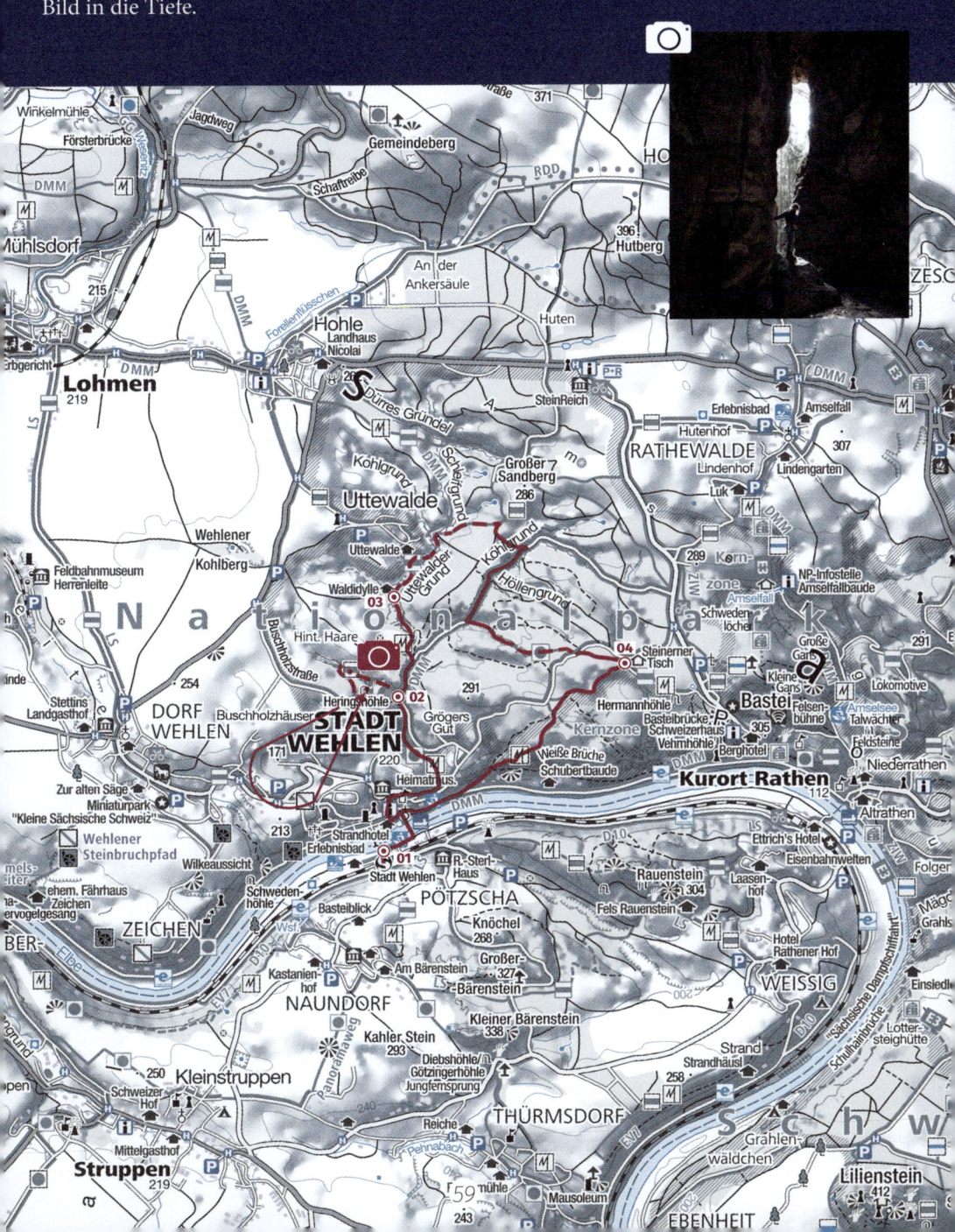

6 Bärenstein, Volume 3

Der Kleine Bärenstein, der schon in den Kapiteln 1 und 3 gewürdigt wurde, lässt sich auch von Süden erklimmen. Dort birgt er einen kaum bekannten Superlativ, und zwar den höchsten Wasserfall der Sächsischen Schweiz.

Bilder von: **Sebastian Weingart**
@wunderwaldphoto

Thürmsdorf – Naundorf – Weißig

Tourencharakter
Passagenweise Stufenanlagen am Bärenstein, ansonsten bequeme Wald- und Wiesenwege.

Start und Ziel
Parkplatz Kleiner Bärenstein (261 m) oberhalb von Thürmsdorf an der Straße Struppen – Thürmsdorf – Weißig; Thürmsdorf ist Ortsteil der Gemeinde Struppen. Anfahrt auf der B 172 Pirna – Königstein und via Struppen nach Thürmsdorf.

Schwierigkeit: **leicht** - mittel - schwer
Dauer: **3:00 h**
Länge: **8,7 km**
Aufstieg **170 hm**
Abstieg **170 hm**

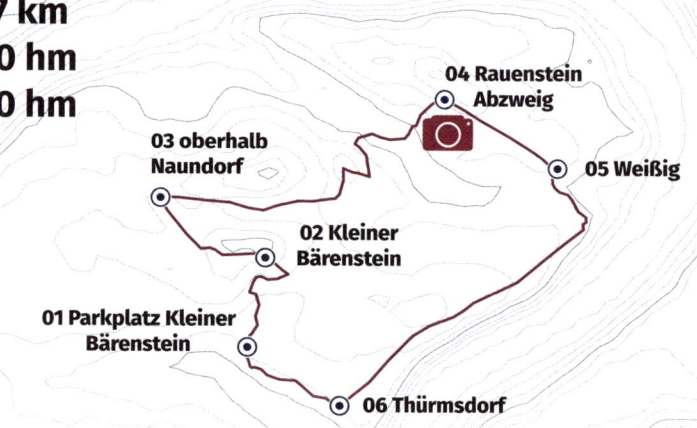

Höhenlinienmodell mit Streckenverlauf

Höhenprofil

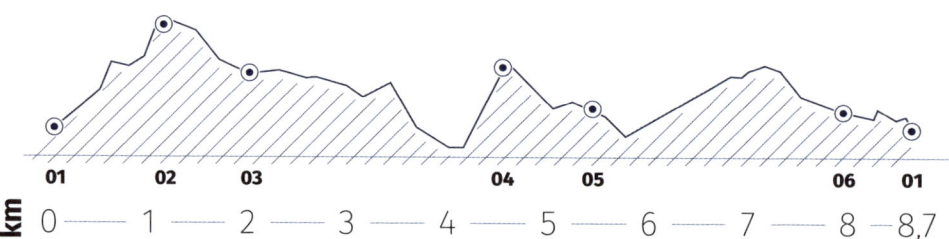

Unterwegs in Weißig.

In der Pfarrkirche von Struppen (2 Kilometer westlich von Thürmsdorf) befindet sich die älteste Orgel der Sächsischen Schweiz (1746).

Vom Schlossdorf Thürmsdorf am höchsten Wasserfall der Sächsischen Schweiz geht es über den aussichtsreichen Bärenstein in Richtung des ebenso aussichtsreichen Rauensteins und nach der Stärkung im Gasthof der kleinen Ortschaft Weißig mit Panoramablick über dem Steilhang der Elbe zurück.

▶ Am Parkplatz Kleiner Bärenstein **01** an der Straße Struppen – Weißig zeigen die Richtungsschilder im Wald hinauf zum Kleinen Bärenstein, der im Wechsel aus Waldpfaden und Stufenanlagen erreicht wird. Die durch ein bewaldetes Trockental getrennten Bärensteine sind aussichtsreiche Felsmassive ohne die charakteristische Tafelbergform anderer „Steine" der Sächsischen Schweiz. Der höhere und schlankere ist der Kleine Bärenstein **02**, er überragt den massigeren Großen Bärenstein um 10 m und bietet eine herausragende Fernsicht: Im Norden zeigt

sich der Große Bärenstein, rechts davon das lang gestreckte Felsmassiv des Rauensteins mit dem östlich vorgelagerten Nonnenstein, dahinter ragen die Basteiwände empor und die Weißen Brüche, während im Osten der Lilienstein über der Elbschleife als mächtigster „Stein" den Blickfang bildet. Links vom Lilienstein ist die Schrammsteinkette zu sehen, dahinter rundet sich der Große Winterberg. Im Vordergrund zeigt sich die mauerumgürtete Festung Königstein, zwischen ihr und dem Lilienstein erhebt sich der Pfaffenstein, dahinter staffeln sich Papststein, Gohrisch, Kaiserkrone, Zirkelstein und der Große Zschirnstein als die höchste Erhebung der Sächsischen Schweiz. Auch der in Tschechien gelegene Hohe Schneeberg (721 m), der höchste Berg des Elbsandsteingebirges, ist in Sicht.

Vom Kleinen Bärenstein geht es kurz zurück und an der Verzweigung rechts hinab

Richtung Naundorf, wobei bald die Rotpunkt-Markierung die Route weist. Ausgeschildert und in kurzen Abstechern von wenigen Minuten erreichbar sind die Götzingerhöhle und der Jungfernsprung. Die Götzingerhöhle ist eine Einsturzhöhle, die ursprünglich Diebshöhle hieß und im ausgehenden 19. Jh. nach dem in Struppen geborenen Pastor Wilhelm Leberecht Götzinger (1758–1818) benannt wurde, dessen Reisebücher wesentlich dazu beitrugen, die Schönheiten der Sächsischen Schweiz bekannt zu machen. Ein bei der Höhle in den Felsen gehauenes Kreuz bezeichnet den Jungfernsprung. Eine von Soldaten verfolgte Frau soll sich im Dreißigjährigen Krieg hier vom Felsen gestürzt haben.

Der Rotpunkt-Wanderweg verlässt nahe des Kletterfelsens Bärensteinscheibe den Wald und senkt sich in aussichtsreichen Wiesen an den Ortsrand von Naundorf **03**. Dort wechseln wir rechts auf den Rotstrich-Wanderweg. In den Wiesen folgt er einem Feldweg in die Wälder zwischen dem Kleinen und dem Großen Bärenstein, der ausgeschilderte, aber unmarkierte Aufstieg auf den Großen Bärenstein ist bei klarer Sicht eine lohnende Variante zum Waldweg. Der Große Bärenstein bietet Aussicht hinüber zum Kleinen Bärenstein, hinter dem sich Lilienstein, Pfaffenstein und Königstein zeigen. Der Rotstrich-Wanderweg führt durch das bewaldete Trockental zwischen Großem und Kleinem Bärenstein und hält dann auf den Rauenstein zu, dessen Besteigung ebenfalls bei klarer Sicht lohnt. Von der Verzweigung **04** **⊙** am Fuß des Rauenstein-Massivs leiten die Gelbstrich- und die M-Markierung des Malerwegs rechts hinab in das Höhendorf Weißig, wo der Rathener Hof zur Einkehr einlädt. Das Höhendorf Weißig **05** wartet mit einem unter Denk-

Horizontal und vertikal – flache Kuppen über steilen Abstürzen.

malschutz stehenden bäuerlich geprägten Ortskern über dem Rathener Elbbogen auf. Bauernhöfe und kleine Anwesen stehen in zwei Bogen um eine kleine Quellmulde, die größeren Höfe stehen am oberen Rand, darunter im zweiten Bogen die Höfe der Kleinbauern und weitere Wohngebäude. Der Name des 1431 erstmals erwähnten Ortes geht wahrscheinlich auf altsorbisch „wysoki" zurück = hoch liegend.

Von Weißig leiten Gelbstrich und Malerweg auf der aussichtsreichen Hangschulter über dem Elbtal in das Schlossdorf Thürmsdorf **06**. Die Bezeichnung „Bärensteine" geht auf die Adelsfamilie Bernstein zurück, der im 16. Jh. die Güter Thürmsdorf und Struppen gehörten. Öffentlich zugänglich ist der Landschaftspark beim schlossähnlichen Herrenhaus des ehemaligen Ritterguts in Thürmsdorf. Der Park mit zahlreichen seltenen Bäumen und Sträuchern erstreckt sich hinauf in Richtung des Kleinen Bärensteins. An der Durchgangsstraße am oberen Rand des Landschaftsparks von Schloss Thürmsdorf ist der Ausgangspunkt wieder erreicht, der Parkplatz Kleiner Bärenstein **01**.

Dein Moment für die Ewigkeit

Weißabgleich

Damit die Farbtöne so wiedergegeben werden wie du sie wahrnimmst muss der Weißabgleich stimmen. Dabei geht es um die Farbtemperatur. Wie der Name schon sagt geht es bei der Einstellung darum, „Weiß" als solches zu erkennen. Hat ein Foto einen Gelbstich oder einen Blaustich, liegt das am falschen Weißabgleich. Man kann aber auch damit spielen.

7 Auf der Bastei beginnt's

Die 76,5 Meter lange Basteibrücke führt über die 40 Meter tiefe Mardertelle-Schlucht zur Ruine der Burg Neurathen und zu den berühmtesten Aussichtspunkten über der Elbe. Was für ein Touren-Auftakt!

Bilder von: **Anne Köhler @anne.khlr**

Bastei – Uttewalder Grund – Rathewalde

Tourencharakter
Wald-, Schluchten- und Wiesenwanderung auf Wegen, wurzeligen Pfaden und Stufenanlagen.

Start und Ziel
Bastei-Parkplatz (317 m) an der Basteistraße im Süden der Gemeinde Lohmen. Bushaltestelle Bastei des Bastei-Busses, der im Sommerhalbjahr alle 30 Minuten vom Park-and-Ride-Parkplatz an der Abzweigung der Basteistraße zu den Haltestellen Steinerner Tisch und Bastei fährt.

Schwierigkeit: **leicht** - mittel - schwer
Dauer: **3:00 h**
Länge: **11,0 km**
Aufstieg **140 hm**
Abstieg **140 hm**

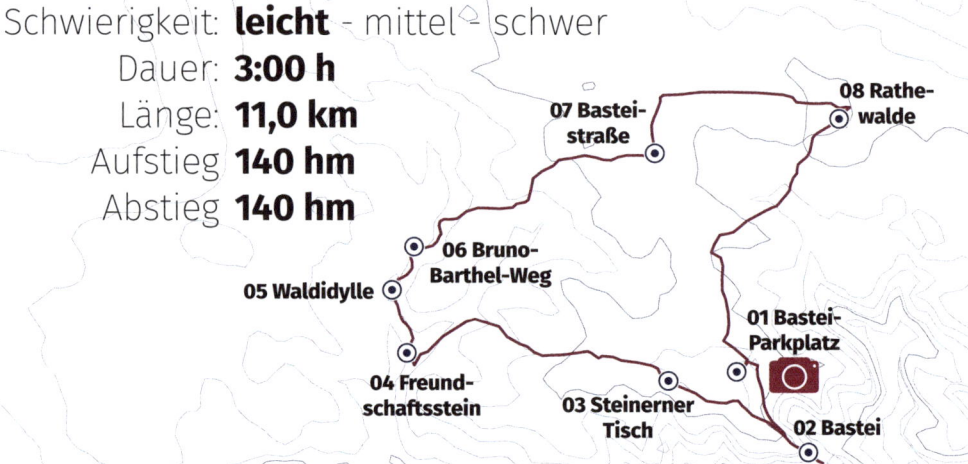

Höhenlinienmodell mit Streckenverlauf

Höhenprofil

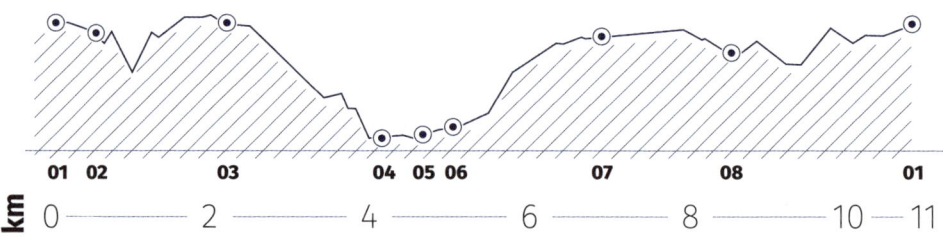

Stimmungen wie diese faszinierten schon Künstlerseelen des 18. Jahrhunderts.

Freundl. Hütten und gute Bewirthung mit Caffe Doppelbier liquer u. frischem Butterbrod erquickten den müden Wanderer sehr...

Julius August Walther von Goethe, Sohn des berühmten Dichters, 1819 über das erste Bastei-Gasthaus

Die Bastei ist der berühmteste Aussichtsfelsen der Sächsischen Schweiz – und das Felsentor im canyonartigen Uttewalder Grund war schon vor 200 Jahren ein „Wallfahrtsziel" für Romantiker.

▶️ Vom gebührenpflichtigen Bastei-Parkplatz **01** führt die ab hier für den öffentlichen Verkehr gesperrte Basteistraße an der Haltestelle des Bastei-Busses vorbei durch den Wald zur Bastei; auf dieser Straße wandern die Fahrgäste, die am Ausgangspunkt zahlreichen Reisebussen entsteigen. Wer sich eine Wanderung wesentlich einsamer und zudem straßenfern vorstellt, biegt am Ende des Parkplatzes (also noch vor der Bushaltestelle) links auf den Pfad ab, der gleich darauf im Wald in den Wanderweg Gansweg mündet. Der Gansweg führt rechts zu einem der schönsten Aussichtsfelsen des Basteigebiets, der Felskanzel Wehlsteinaussicht. Hier erfolgt der unvermeidliche Wechsel auf die Basteistraße, die zum Berghotel und Panoramarestaurant „Bastei", zum Nationalparkhaus Schweizerhaus und zum Aussichtsfelsen Bastei **02** 194 senkrechte Meter über der Elbe führt 📷.

Von der Felskanzel geht es auf der Basteistraße zurück, bis der mit den Zeichen „Rotpunkt" markierte Fremdenweg links Richtung Steinerner Tisch abzweigt. Dieser bequeme Waldweg ist bis zum Steinernen Tisch Teil des „Malerwegs". Von der autofreien Waldgaststätte Steinerner Tisch **03**, benannt nach einem kleinen quadratischen Tisch, der hier zu Beginn des 18. Jhs. für eine fürstliche Jagdgesellschaft aufgestellt (und 1994 erneuert) wurde, führt die Rotpunkt-Markierung auf einem naturbelassenen Fels- und Wurzelweg abwärts in die romantische Felsschlucht Höllengrund, vorbei an der Felsformation Steinerner Bär. Der Höllengrund mündet in den „schwarzen" Zscherregrund (zu tschechisch cerny: schwarz), zwischen dessen imposanten Felswänden ein Teerweg weiter abwärts führt und bald das geologische Denkmal Strudeltopf erreicht: Nordische Granite, die von den Wassermassen abschmelzenden Gletschereises wie Mahlsteine bewegt wurden, hobelten hier im Sandstein eine kesselförmige Vertiefung mit einem Durchmesser von 70 cm aus. An der nächsten Verzweigung, am Freundschaftsstein **04**, verlassen wir den nach Wehlen hinabführenden Teerweg und wandern rechts in den Uttewalder Grund hinauf, eine der berühmtesten Felsschluchten der Vorderen Sächsischen Schweiz. Der schöne Waldweg in dieser Schlucht führt an der Teufelsküche vorbei

zur autofreien Gaststätte Waldidylle **05**, dahinter verschmälert sich der Weg und erreicht das berühmte Felsentor im Uttewalder Grund.

Kurz oberhalb des Felsentors führt der mit dem Zeichen „Gelbstrich" markierte Bruno-Barthel-Weg **06** rechts auf einem gesicherten Steig durch die Flanke des Uttewalder Grundes und leitet dann pfadartig im Wald zur Basteistraße **07** hinauf, zuletzt aussichtsreich in den Feldern. Der Basteistraße folgt der Bruno-Barthel-Weg kurz links und zweigt in der Linkskurve rechts auf einen Feldweg ab, den historischen Schulweg; er bietet eine exzellente Aussicht zum Winterberg, zu den Schrammsteinen, zum Rosenberg, zum Zirkelstein, zum Lilienstein und zu weiteren markanten Höhen. Der aussichtsreiche Schulweg führt in das Kirchdorf Rathewalde **08** und an der Kirche rechts zur Gaststätte Lindengarten, wo sich die Wanderwege teilen. Einerseits beginnt am Lindengarten der Abstieg in den Amselgrund und nach Niederrathen, während der mit dem Gelbstrich-Zeichen markierte Rathewalder Basteiweg schräg rechts abzweigt, bald im Wald eintaucht und zurückführt zum Ausgangspunkt Bastei-Parkplatz **01**.

Die Bastei mit der vielleicht berühmtesten Brücke der Sächsischen Schweiz.

Dein Moment für die Ewigkeit

Dich kenn ich doch

Die Bastei Brücke ist eines der klassischsten Fotomotive in der Sächsischen Schweiz und dazu noch gut erreichbar. Da solltest du deinen Ausflug dorthin gut planen um dem Andrang zu umgehen. Die Aufnahme ist um Sieben Uhr morgens entstanden. Angenehmer Nebeneffekt zu dem wenigen Publikum: Das herrliche Licht!

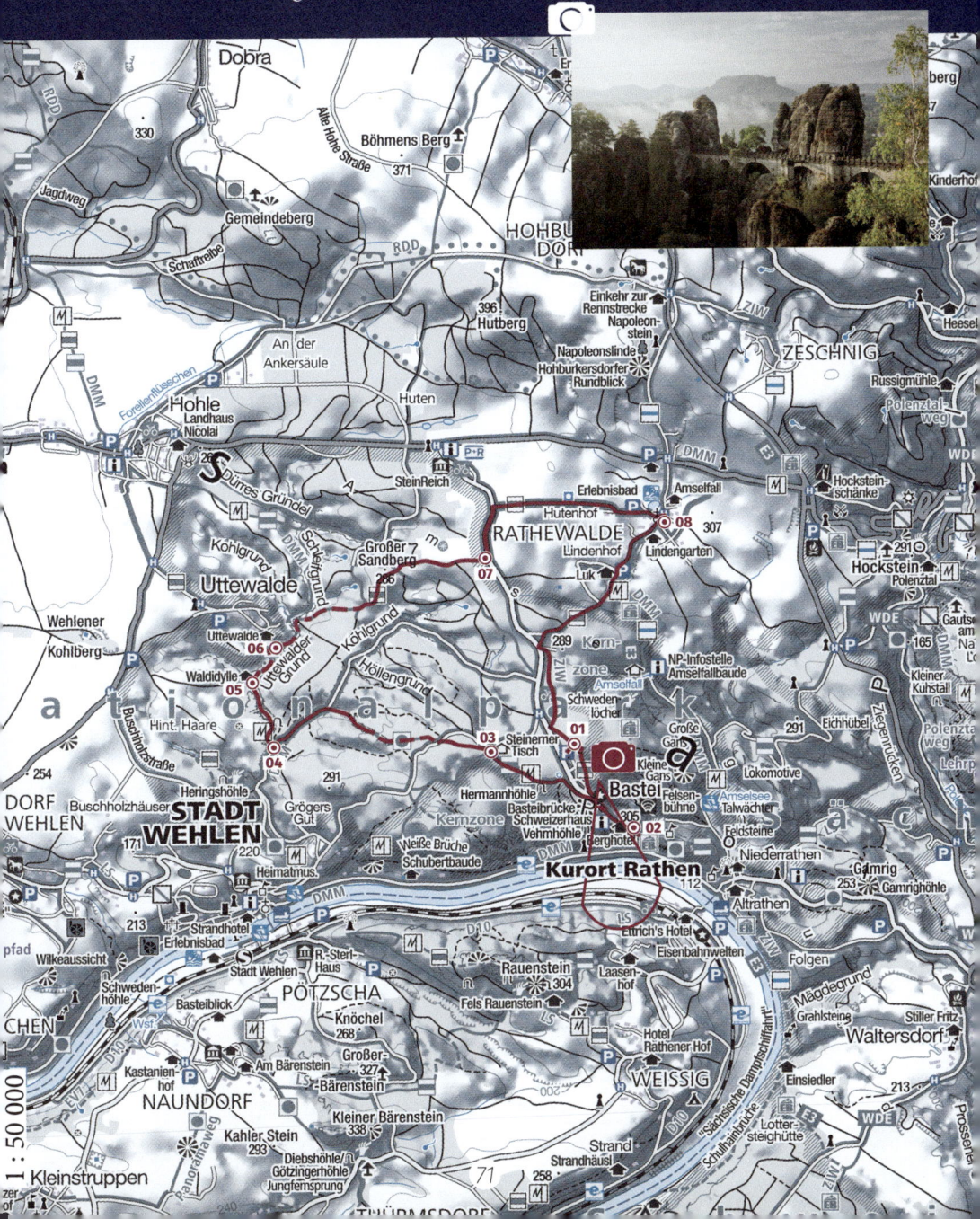

8 Baumblick von der Bastei

Hier drängt sich ausnahmsweise kein Fels, sondern der mächtige Stamm einer Kiefer in den Vordergrund. Er bildet einen rindenrissigen Rahmen für den Kurort Rathen und den dahinter aufragenden Lilienstein.

Bilder von: **Sebastian Weingart**
@wunderwaldphoto

Rathen – Bastei – Amselgrund

Tourencharakter
Abwechslungsreiche Panorama- und Felswanderung, teils auf Steiganlagen.

Start und Ziel
S-Bahnhof Kurort Rathen (120m) an der Straße „Oberrathen" im linkselbischen Ortsteil Oberrathen. Großparkplatz am Elbweg nahe des Fähranlegers.

Schwierigkeit: leicht - **mittel** - schwer
Dauer: **2:30 h**
Länge: **6,2 km**
Aufstieg **200 hm**
Abstieg **200 hm**

03 Amselfall

02 Bastei

01 Oberrathen,
S-Bahnhof Kurort
Rathen

Höhenlinienmodell mit Streckenverlauf

Höhenprofil

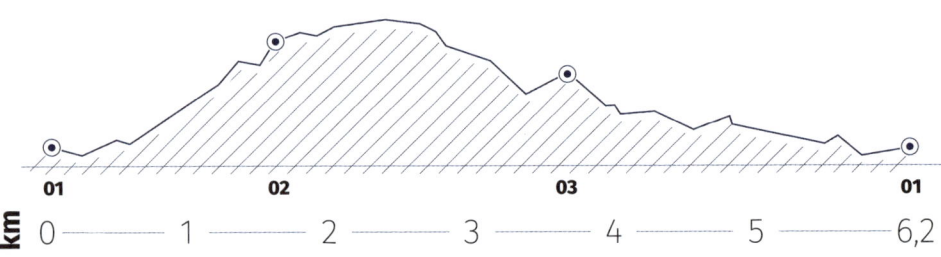

Die Elbe teilt den Luftkurort Rathen in das autofreie Niederrathen auf der National- parkseite und den linkselbischen Ortsteil Oberrathen mit dem S-Bahnhof und den Parkplätzen. Die Verbindung für Gäste zu Fuß und mit dem Rad besorgt eine histo- rische Gierseilfähre, die mit großartigem Bastei-Aufblick von 4.30 Uhr morgens bis ca. Mitternacht über den Strom pendelt. Das unter Denkmalschutz stehende Trans- portmittel wird durch ein stromaufwärts in der Mitte des Flusses verankertes Stahlseil auf konstanter Höhe gehalten, der Antrieb erfolgt durch die Strömung, die Fahrtrich- tung ergibt sich aus der Stellung des Steuer- ruders. Wird die Ruderstellung geändert, drückt das Wasser verstärkt auf eine Seite der Fähre und setzt sie in Bewegung. Nur bei Längsverkehr können sich längere War- tezeiten ergeben. Die Fähre muss warten, bis ein vorbeifahrendes Schiff passiert hat. Für die Wartezeit entschädigt ein wunder- voller Aufblick in das Basteigebiet, mar- kanteste Punkte sind Burg Altrathen, der

Im wildromantischen Amselgrund.

Diese Rundwanderung ist ein „Klassiker" über den schönsten Panoramafelsen der Sächsischen Schweiz.

Tiedgestein, der Mönchfelsen mit der Wet- terfahne, die Steinschleuder und die Bastei- kanzel sowie elbaufwärts der Lilienstein.

▶ Nach der Überfahrt von Oberrathen **01** mit der Gierseilfähre geht es im auto- freien Kurort Niederrathen kurz gerade- aus auf der von Einkehrmöglichkeiten ge- säumten Straße Am Grünbach längs des gleichnamigen Bachs. Am Gasthof „Son- niges Eck" (www.sonnigeseck.de) führt der Wanderweg Richtung „Bastei" links hinauf (Amselgrund) und gleich darauf

wiederum links, zunächst aussichtsreich mit Blick auf den monumentalen Tal- wächter-Felsen, dann in schönem Laub- wald. Schon bald ist der erste fantastische Aussichtspunkt erreicht, der nach dem Romantikdichter Christoph Tiedge be- nannte Tiedgestein (Rosenbettfels). Über die Elbe hinweg schweift der Blick auf die höchsten Berge und markantesten Steine (Lilien-, Paffen- und Königstein) des Elbsandsteingebirges, am markantesten ist ganz links der Basaltkegel des Rosen- bergs. Dieses Panorama zeigt sich im wei-

Filigrane Felswucht.

gang des Freilichtmuseums Felsenburg Neurathen.

Vom Neurathener Felsentor, das auf zahlreichen Gemälden und Radierungen der Romantik dargestellt ist (C. D. Friedrich, Ludwig Richter), führt die 76,5 m lange Basteibrücke über die Felsschlucht der Martertelle zur Basteihochfläche . Am basteiseitigen Ende der Basteibrücke lohnt rechts der kurze Abstecher zum auf Leitern erreichbaren Ferdinandstein, auf dem der österreichische Kaiser gleichen Namens den prachtvollen Blick auf die Felsenburg mit der Großen Steinschleuder, zum Großen Wehlturm, zur Kleinen Gans und hinab in den Wehlgrund genoss.

Nach dem Abstecher zum Ferdinandstein geht es hinauf zur Felskanzel der Bastei **02** (305 m), einem der schönsten Aussichtspunkte des Elbsandsteingebirges. Von der Bastei geht es an den Gastronomieeinrichtungen vorbei und dann rechts auf dem Gansweg Richtung Amselsee. Während der Promenade auf dem Gansweg lohnen die Abstecher zum Wehlgrundblick (Pavillonaussicht) auf der Kleinen Gans und zur Höllenhundaussicht (Tiefblick in den Raaber Kessel zwischen Kleiner und Großer Gans) auf der Großen Gans, dann beginnt der Abstieg durch die Schwedenlöcher-Schlucht in den Amselgrund.

Im wildromantischen Amselgrund geht es wenige Minuten talaufwärts zum Gasthaus Amselfallbaude am Amselfall **03**. Vom Amselfall führt der Weg durch den Amselgrund am Amselsee und am Zugang zur Felsenbühne im Wehlgrund vorbei zurück nach Niederrathen und zum Anleger der Gierseilfähre, die zurück nach Oberrathen **01** fährt.

teren Verlauf der Wanderung bis hinauf zur Bastei aus immer höherer Perspektive.

Beim Tiedgestein passiert der Wanderweg den ehemaligen Pferdestall des einstigen unteren Zugangs der Felsenburg Neurathen und strebt zwischen mächtigen Felsen aufwärts. Von der bald erreichten Kanapee-Aussicht sind über das Tiedgepanorama hinaus die Bastei sowie der von einer als Wetterfahne fungierenden Mönchsfigur bekrönte Mönchfelsturm in Sicht. Wenig oberhalb der Kanapee-Aussicht erreicht der Wanderweg den Ein-

Gekonnt überbelichtet

Bei Gegenlicht berechnen die internen Belichtungsmesser von Kameras gerne einmal sehr kurz. Damit du ein pastelliges, helleres Bild erhältst, solltest du die Belichtungszeit manuell höher ansetzen. Damit erhältst du eine gewisse Leichtigkeit im Bild, mit helleren Anteilen wie hier an der linken Horizontlinie.

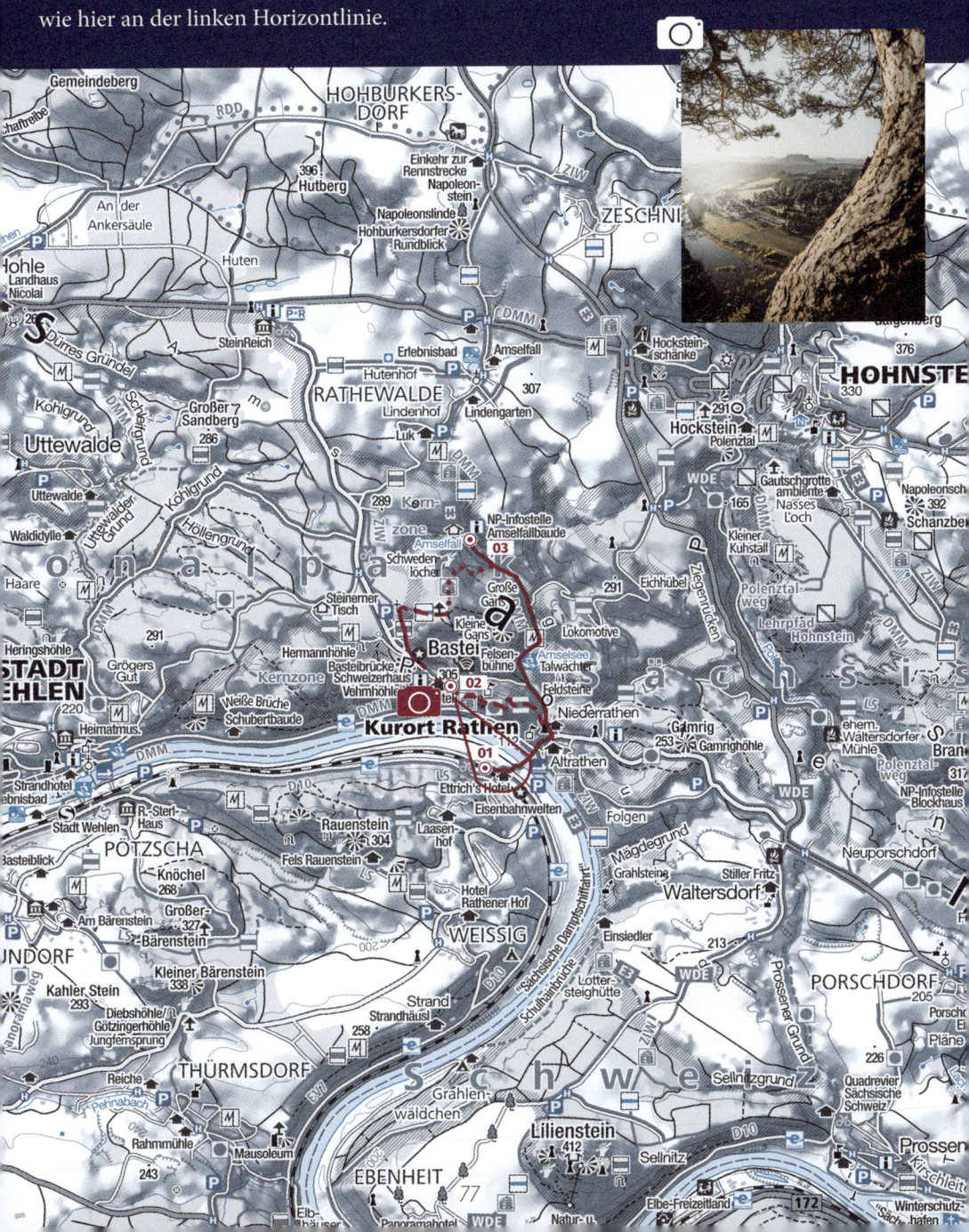

9 Hochgefühle am Hockstein

Er verlangt sicheres Auftreten, der Weg auf den Hockstein – und einen kalten Blick in die Tiefe. Dafür versprechen die kleinen durch Stege verbundenen Gipfel dieser 150 Meter hohen Felsformation eine ungehinderte Sicht von den Sandstein- bis zu den Granitbergen.

Bilder von: **Sebastian Weingart**
@wunderwaldphoto

Rathen – Polenztal – Hockstein

Tourencharakter
Beeindruckende Canyon- und Waldwanderung; am Hockstein sind Trittsicherheit und Schwindelfreiheit erforderlich. Einkehr: Oberrathen, Niederrathen, Polenztal.

Start und Ziel
Bahnhof Kurort Rathen (120 m) an der Straße „Oberrathen" im linkselbischen Ortsteil Oberrathen. Ein Großparkplatz befindet sich am Elbweg nahe des Fähranlegers.

Schwierigkeit: leicht - **mittel** - schwer
Dauer: **4:00 h**
Länge: **11,1 km**
Aufstieg **230 hm**
Abstieg **230 hm**

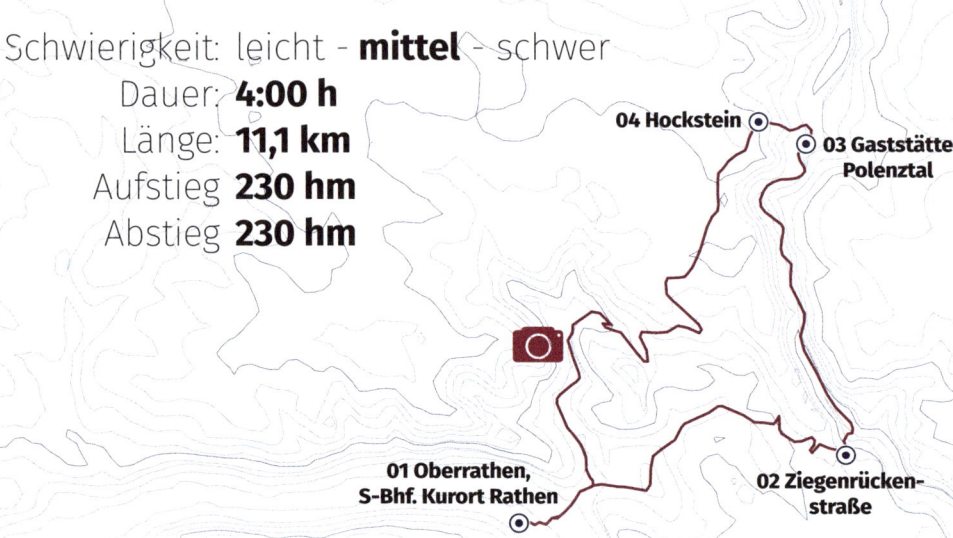

Höhenlinienmodell mit Streckenverlauf

Höhenprofil

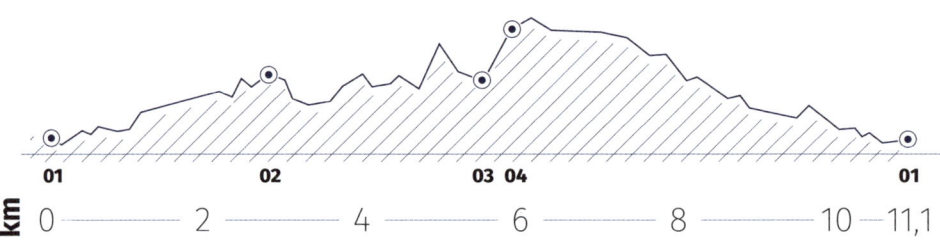

Durch das autofreie Polenztal, einen der romantischsten Talgründe der Sächsischen Schweiz, führt diese Rundwanderung zum Hockstein, einem der faszinierendsten Aussichtsfelsen der Sächsischen Schweiz.

▶ Von Oberrathen **01** setzen wir wie bei Tour 8 mit der Gierseilfähre über die Elbe nach Niederrathen über, folgen der Promenade aufwärts zum Haus des Gastes und zweigen hier links auf dem Füllhölzelweg in den Wald ab (Mark. „Rotstrich"). Im tief eingeschnittenen Waldtal geht es sacht aufwärts. Im Tal fallen zum Teil riesige Altfichten auf, später bilden moosüberzogene Felswände die Talseiten, und der bequeme Weg erhält eine Geländersicherung. Oben auf dem Ziegenrücken queren wir die von

Weite Wälder kontrastieren die Berge des Elbsandsteingebirges.

Der mehr als 150 Meter aus dem Polenztal an der Grenze zwischen dem Granit- und dem Sandsteingebirge aufragende Hockstein ist einer der faszinierendsten Aussichtsfelsen der Sächsischen Schweiz.

napoleonischen Truppen 1813 errichtete Ziegenrückenstraße **02** – rechts zeigt sich der Lilienstein –, folgen dem Rotstrich-Weg steil hinab in das Polenztal und sehen zwischen den Bäumen den mächtigen Polenztalwächter-Felsen. An der Verzweigung unten am Ende einer Holzstufenpassage gehen wir geradeaus weiter und folgen dem Polenztalweg neben dem Bach aufwärts. In kaum merklichem Anstieg folgt der Weg diesem wunderschönen Tal, das zwar beidseits von bis zu 130 m hohen Wandfluchten flankiert wird, aber dennoch licht und weit erscheint. Mehrfach finden sich schöne Wiesenstreifen längs des Ufers, an denen man rasten und dem Murmeln des Bachs lauschen kann.

Schließlich lädt die Gaststätte Polenztal **03** (Parkplatz) zur Einkehr. Hier sehen wir die von der Burgstadt Hohnstein herabführende Markierung „Blaustrich" des EB (Eisenach – Budapest), folgen ihr kurz weiter aufwärts im Polenztal und wechseln dann mit dem EB links hinauf zum Hockstein **04**, begleitet von den Tafeln des Lehrpfads Hohnstein. Nach 10 Minuten Treppensteigen erreichen wir an einem nicht durchgehend gesicherten Felsband den Gipfelaufbau des Hocksteins, der Blick fällt über das Polenztal hinweg auf die Burgstadt Hohnstein. Nach einer Leiterpassage durch die schmale Wolfsschlucht, deren oberen Ausgang ein gotisierender Spitzbogen überhöht, stehen wir auf dem relativ kleinen,

geländergesicherten Gipfelplateau, auf dem eine Schutzhütte zur Rast lädt. Wir verlassen den Gipfel auf der steinernen Teufelsbrücke (1821), passieren einen Erdwall, der von der mittelalterlichen Befestigung zeugt, und wenden uns an der Verzweigung links Richtung „Amselsee". Als bequemer Waldweg führt der mit „Grünstrich" markierte Knotenweg hinab zu einem Parkplatz an der Ziegenrückenstraße und senkt sich dann stärker. Wenn der Knotenweg schließlich links abzweigt, wandern wir geradeaus auf dem Pionierweg Ⓞ und gelangen in den Amselgrund. Am Amselsee vorbei folgen wir dem Grünbach hinab nach Niederrathen und zum Fähranleger.

Dein Moment für die Ewigkeit

Wahre Größe zeigen

Du warst vor Ort und hast die Verhältnisse im Kopf. Um diese richtig in deinem Bild zu transportieren (oder zu übertreiben), stelle ein bekanntes Maß wie etwa eine Person in Relation. Je nachdem aus welchem Winkel du dich zu deinen Motiven positionierst, kannst du so auch aus einer Mücke einen Elefanten machen.

10 Der König der Steine

Schöne Aussichtspunkte wie diesen bietet der Lilienstein gleich mehrere. Wenn sich der Nebel wieder verzieht, erblickt man von der Zugangsroute und beim Rückweg auch die 300 Meter tiefer dahinfließende Elbe.

Bilder von: **Sebastian Weingart**
@wunderwaldphoto

Rathen – Lilienstein – Königstein

Tourencharakter
Panorama-, Wald- und Felswanderung mit Treppen und Stufen; ziemlich steiler Abstieg nach Königstein.

Start und Ziel
Bahnhof Kurort Rathen (120 m) an der Straße „Oberrathen" im linkselbischen Ortsteil Oberrathen. Großparkplatz am Elbweg nahe des Fähranlegers.

Schwierigkeit: leicht - **mittel** - schwer
Dauer: **4:30 h**
Länge: **15,3 km**
Aufstieg **420 hm**
Abstieg **420 hm**

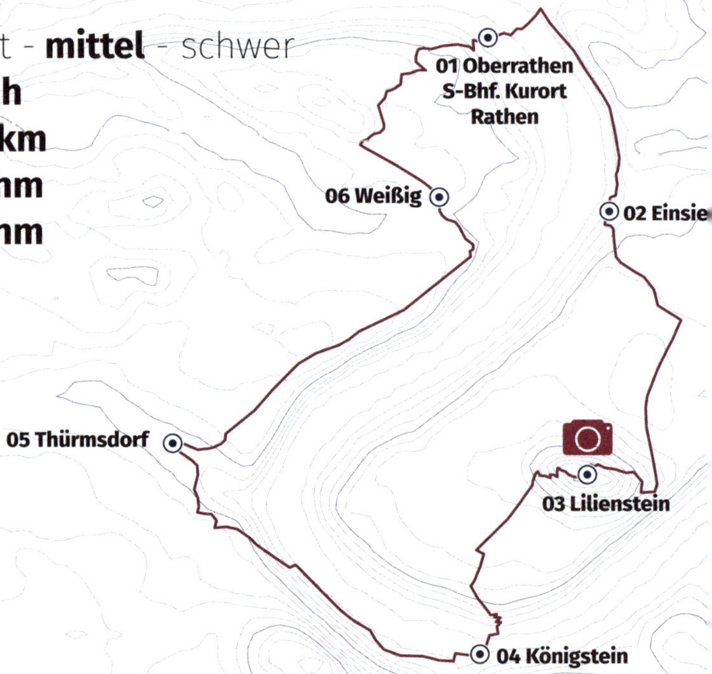

01 Oberrathen
S-Bhf. Kurort Rathen

06 Weißig

02 Einsie

05 Thürmsdorf

03 Lilienstein

04 Königstein

Höhenlinienmodell mit Streckenverlauf

Höhenprofil

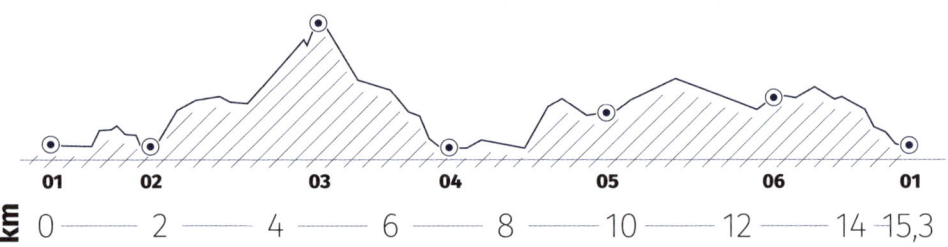

Vom Kurort Rathen führt diese herausragende Wald- und Panoramawanderung über den großartigsten Stein des Elbsandsteingebirges. In Königstein kann man mit der S-Bahn zurückfahren oder – wie vorgeschlagen – über dem linken Elbufer aussichtsreich zurückwandern.

Die Tafelfläche des Liliensteins ist mit einer Schildkröte vergleichbar, im Westen der Kopf und Hals, im Osten der Rumpf.

www.oberelbe.de

▶ Nach der Fährüberfahrt vom linkselbischen Oberrathen **01** in das rechtselbische Niederrathen folgen wir dem in die Elbe mündenden Grünbach wenige Meter aufwärts und entdecken an der ersten Brücke die vom Lilienstein herüberführende Markierung „Blaustrich" des Internationalen Bergwanderwegs Eisenach–Budapest (EB); die EB-Markierung weist durchgehend bis Königstein die Route im Gleichlauf mit dem nicht gesondert ausgeschilderten Europäischen Fernwanderweg 3.

Nach Überqueren des Grünbachs wandern wir auf dem Kottesteig (benannt nach einem Fremdenführer) Richtung Lilienstein, dessen mächtige Nordwand und Westkante (eine der längsten und schwierigsten Klettereien im Elbsandstein) herübergrüßt. Hinter dem Hotel „Elbschlösschen" verliert der Weg den Betonbelag und taucht in schönen alten Laubwald im Steilhang ein. Oberhalb des bequemen Waldwegs, dem auch der rechtselbische Strang des Elberadwegs folgt, türmen sich Wandfluchten, unten schimmert das Band des Flusses, und am Café Einsiedler **02** (hier wechselt der Radweg unten auf einen ufernahen Pfad), das seinem Namen

Wogende Wolken im Hintergrund.

Dieser Ausblick hätte auch
Caspar David Friedrich gefallen!

beginnt der Abstieg, anfangs aussichtsreich, dann im Wald, den wir unten mit prachtvollem Blick auf die Festung Königstein verlassen. Auf einem Schotterweg wandern wir aussichtsreich durch die Felder – rechts die Pappeln der Napoleonstraße – nach Ebenheit hinab. Beim Blick zurück zeigen sich über den Wäldern die schwarzen Felsen des Liliensteins. Vor dem Hotel „Lilienstein" wenden wir uns links und gleich rechts und steigen in Wiesen und im Wald recht steil hinab zum Fähranleger in Halbestadt, wo der Landgasthof „Müller" zur Einkehr lädt. Am Fähranleger besteht die Möglichkeit, auf dem anfangs gut ausgebauten, später dann pfadartigen rechtselbischen Seitenstrang des Elberadwegs via Besenschänke (Einkehr) zum Einsiedler zu wandern und dann auf der bekannten Route nach Rathen zurückzukehren.

alle Ehre macht und vergleichsweise selten geöffnet hat, erwartet uns ein hervorragendes Rathen-Bastei-Panorama (Sitzbänke auf einem Hügel unter alter Kastanie). Nun führt der EB auf einer Steinstufenanlage hinauf in ein Waldtal und folgt ihm auf dem Lottersteig aufwärts zur Napoleonstraße (1813 während der napoleonischen Kriege ausgebaut). Hier mündet von links als dritter überregionaler Fernwanderweg der Wanderweg der deutschen Einheit (WDE) auf den EB. Aussichtsreich wandern wir auf der gemeinsamen Route von EB, E3 und WDE geradeaus zwischen Wiesen und Felder, zweigen bei den Panoramasitzbänken am Waldrand rechts auf den Kirchweg ab, passieren einen kleinen Friedhof und erblicken das Westhorn des Liliensteins. Bei einer Sitzbank in hallenartigem Wald beginnt der Nordaufstieg auf einem mäßig steilen Fels- und Wurzelweg, ehe Leiterpassagen mit hervorragender Aussicht auf das bewaldete Gipfelplateau des Liliensteins **03** führen 🔲. Bei der Felsgaststätte Lilienstein

Die Wanderwegeübersichtstafeln beim S-Bahnhof Königstein **04** und dem Elb-Fähranleger zeigen den Weg zur nahen lutherischen Stadtkirche beim Haus der Gastes und der Tourist-Information. An der Kirche vorbei führt der Malerweg auf dem Latzweg hinauf zur Festung Königstein und weiter in den Erholungsort Thürmsdorf **05** zu Füßen der Bärensteine; sehenswert ist hier der Pehnafall, der mit rund 20 m Fallhöhe höchste Wasserfall der Sächsischen Schweiz. Am Thürmsdorfer Schloss vorbei führt der Malerweg teils aussichtsreich, teils im Wald an den Eulensteinen vorbei in den Erholungsort Weißig, wobei der Lilienstein stets einen markanten Blickfang bildet. In Weißig **06** folgt der Malerweg den Schildern Richtung „Rauenstein". An der Verzweigung am Waldrand vor dem Aufstieg auf dieses aussichtsreiche Felsriff zweigt rechts die Rotstrich-Markierung ab und führt zurück zum Ausgangspunkt, dem S-Bahnhof Rathen **01**.

Dein Moment für die Ewigkeit

Die Besonderheit der Landschaft herausstellen

Nutze die Einzigartigkeit der Umgebung, in der du dich bewegst. Die Sächsische Schweiz ist bekannt für ihre hochaufragenden, vielseitigen Felsformationen. Gerade am Tafelberg Lilienstein bietet sich dafür eine perfekte Kulisse. Entstanden sind die jetzt schichtförmigen, freiliegenden Sandstein-Formationen durch eine Mischung von biologischen, chemischen und physischen Erosionsprozessen.

11 Große Oper am Amselfall

Da vorne haust er, der Freischütz – jedenfalls laut dem Libretto, das der Dresdner Schriftsteller Friedrich Kind 1821 für Carl Maria Webers gleichnamige Oper schrieb. Man glaubt's gern auf dem Weg zum Amselfall.

Bilder von: **Sebastian Weingart**
@wunderwaldphoto

Rathen – Rathewalde

Tourencharakter
Kühle Schlucht- und aussichtsreiche Wiesenwanderung.

Start und Ziel
S-Bahnhof Kurort Rathen (120 m) an der Straße „Oberrathen" im linkselbischen Ortsteil Oberrathen. Großparkplatz am Elbweg nahe des Fähranlegers.

Schwierigkeit: **leicht** - mittel - schwer
Dauer: **2:30 h**
Länge: **10,1 km**
Aufstieg **270 hm**
Abstieg **270 hm**

03 Hohburkersdorfer Rundblick

02 Rathewalde

01 Oberrathen, S-Bhf. Kurort Rathen

Höhenlinienmodell mit Streckenverlauf

Höhenprofil

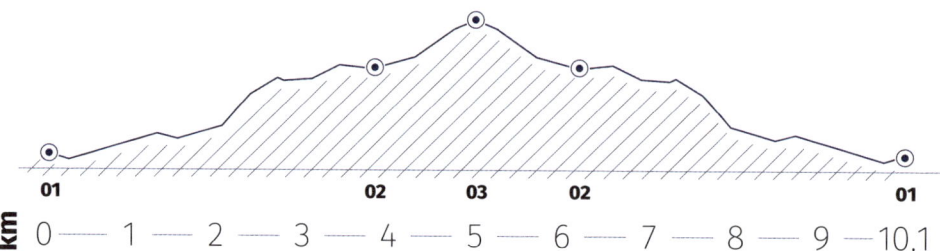

01   02   03   02   01

km 0 — 1 — 2 — 3 — 4 — 5 — 6 — 7 — 8 — 9 —10,1

Das Wasser ist weg, doch die Boote warten schon auf die nächste Flut.

Viel wandern macht bewandert.

Otto Kimmig, deutscher Philologe und Aphoristiker (1858 – 1913)

Der wildromantische Amselgrund mit dem Amselfall zu Füßen der Basteifelsen ist die berühmteste Schlucht im Nationalpark Sächsische Schweiz.

▶ Vom linkselbischen Oberrathen **01**, wo sich der S-Bahnhof und der Parkplatz befinden, setzt die Personenfähre ins autofreie rechtselbische Niederrathen über, der Anleger in Niederrathen befindet sich an der Mündung des Grünbachs, der auch den Amselgrund durchfließt. Zwischen dem Grünbach und Restaurants führt die autofreie Straße Am Grünbach aufwärts und wechselt am Hotel Amselgrundschlösschen links hinauf in den ausgeschilderten Amselgrund, wo die Rathener Forellenzucht als weitere Einkehrmöglichkeit zur Rast einlädt. An der Kasse der Felsenbühne Rathen bietet sich der kurze Abstecher in den Wehlgrund an, dann geht es am Amselsee entlang und weiter aufwärts neben dem Grünbach im tief eingeschnittenen Tal. Der schmale, etwa 500 m lange Amselsee wurde

1934 durch Aufstauung des Grünbachs zum Zweck der Eisgewinnung, des Hochwasserschutzes und als Fischzuchtgewässer angelegt. Ein Rundweg führt um diesen waldgesäumten See. Bei einer Bootsfahrt ebenso wie vom Wanderweg aus lassen sich die markanten Felsen über dem See bewundern: Im Norden überragen ihn Lokomotive, Lamm, Bienenkorb und Storchennest, Blickfänge im Süden sind Große Gans und Mönch, während im Osten der Talwächter und die Feldsteine stehen.

Wenn der Weg oberhalb der Schwedenlöcher-Abzweigung [◉] mehr ansteigt, beginnt der Grünbach in Kaskaden über das Blockwerk zu tanzen, in dieser wildromantischen Szenerie informiert eine Ausstellung in der Nationalpark-Informationsstelle Amselfallbaude am Amselfall über die sensible Natur der Sächsischen Schweiz. Im Amselfall stürzt der Grünbach über einen Felsvorsprung und ergießt sich als kristallklarer Tropfenvorhang vor einer 4 m hohen

Höhle in den Amselgrund. Der Großteil des Wassers wird oberhalb in einem Teich gestaut, gegen eine geringe Gebühr öffnet der Betreiber des Imbissstandes die Schleuse, dann tost der Wasserfallschwall herab. Der Wasserfall, die Höhle und die Felsszenerien am Amselfall inspirierten den Dresdner Schriftsteller Friedrich Kind zur Wolfsschluchtszene im Libretto für Carl Maria von Webers Oper „Der Freischütz" (1821).

Bis zum Amselfall ist der Wanderweg im Amselgrund bequem, dann verengt sich das Grünbachtal zu einer klammartigen Schlucht. Steiler führt der nun geländergesicherte Malerweg im Felsenhang aufwärts, während rechts unten der Grünbach plätschert, der sich nach starken Regengüssen in ein tosendes Wildwasser verwandeln kann. Hier lädt die Gaststätte Rathewalder Mühle mit Biergarten und Gaststube zur Einkehr ein. Anstelle des Fels- und Waldbodens erhält der Weg nun einen festen Untergrund und erreicht am oberen Ansatz des Tals die Gaststätte Lindengarten am Rand des Kirchdorfs Rathewalde **02** am oberen Ausgang des Amselgrundes. Hier laden mehrere Gaststätten zur Einkehr ein, die Dorfkirche wurde nach der Zerstörung im Dreißigjährigen Krieg auf romanischen Grundmauern neu errichtet; an den Wänden finden sich Reste barocker Wandmalereien. Das Erlebnisbad Rathewalde ist ein Freibad, das durch eine zusätzliche Beckenwasserheizung Familien auch an kühleren Tagen anlockt.

Bei klarer Sicht lohnt ab Rathewalde der ausgeschilderte Abstecher zum nahen Hohburkersdorfer Rundblick **03**. Danach geht es auf denselben Wegen wie beim Aufstieg zurück durch den naturschönen Amselgrund zum Ausgangspunkt im Kurort Rathen **01**.

Dein Moment für die Ewigkeit

Dein Bildaufbau

Trotz magerer Lichtverhältnisse glänzt das Foto durch den Bildaufbau mit der Platzierung von Farbe, Weg und Bäumen. Schaue, dass du bei der Wahl deines Ausschnittes den Goldenen Schnitt und die Goldene Spirale (Fibonacci-Spirale) im Kopf behältst.

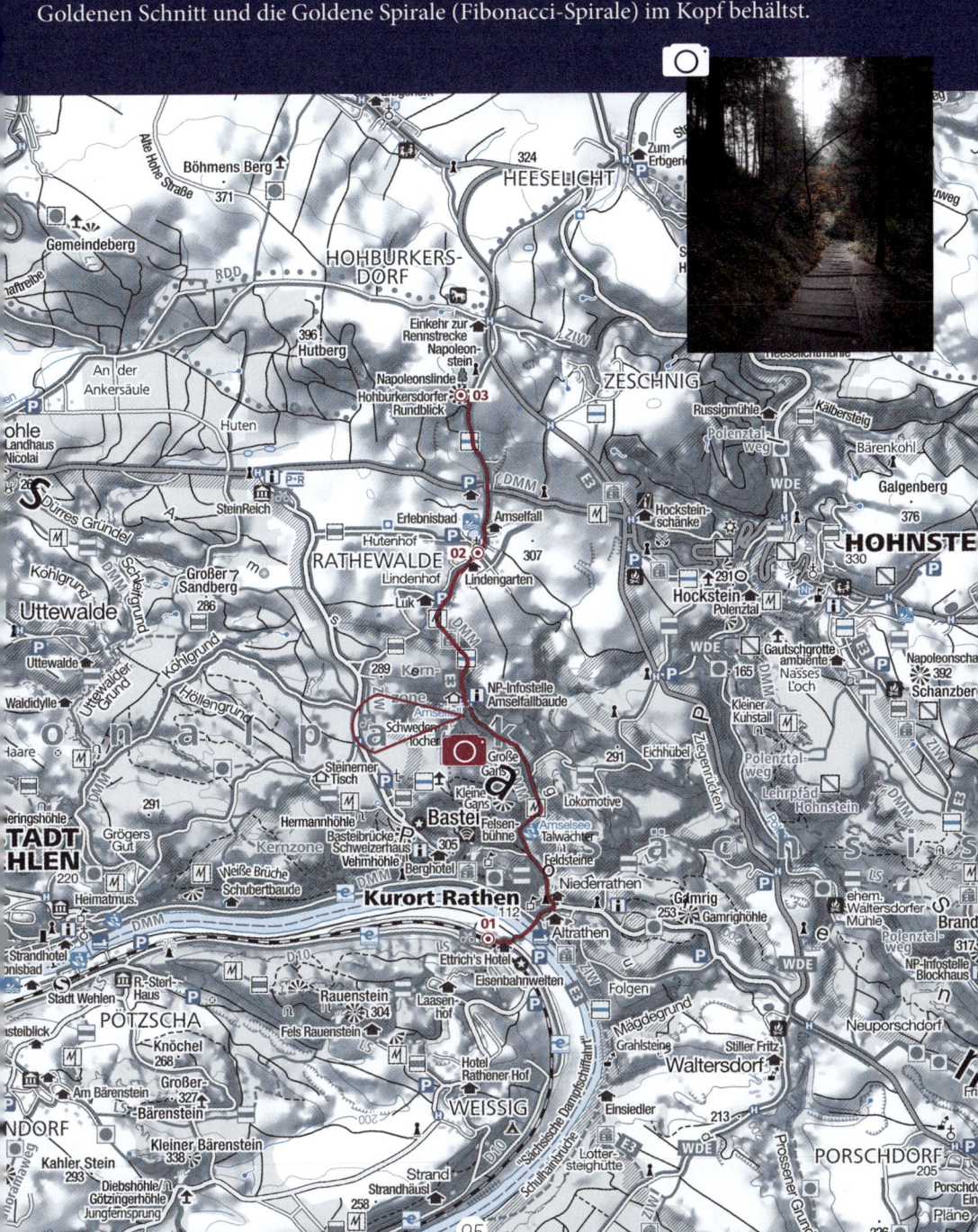

12 Erlebnis trotz Erosion

Sie zerbröseln schon ein wenig, die Sandstein-
schichten des Gamrig-Massivs – und deshalb
sollte man den festgelegten Aufstiegsweg auf
seinen Gipfel auch nicht verlassen. Der hält
noch und bietet einen tollen Rundblick.

Bilder von: **Anne Köhler @anne.khlr**

Rathen – Kleine Bastei – Gamrig

Tourencharakter
Pfade und Stufensteige, die festes Schuhwerk verlangen.

Start und Ziel
S-Bahnhof Kurort Rathen (120 m) an der Straße „Oberrathen" im linkselbischen Ortsteil Oberrathen. Großparkplatz am Elbweg nahe des Fähranlegers.

Schwierigkeit: **leicht** - mittel - schwer
Dauer: **1:30 h**
Länge: **4,2 km**
Aufstieg **130 hm**
Abstieg **130 hm**

04 Gamrig

01 Oberrathen,
S-Bhf. Kurort Rathen

03 Gamrig-
Parkplatz

02 Kleine Bastei

Höhenlinienmodell mit Streckenverlauf

Höhenprofil

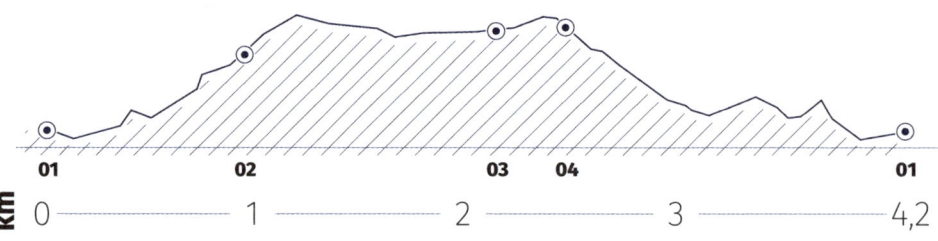

Das Gamrig-Massiv östlich von Rathen bietet dank seiner freistehenden Lage eine weite Aussicht über das Elbsandsteingebirge mit den Steinen und Ebenheiten beidseits des Elbtals. Caspar David Friedrich verwendete die Felsgruppe als Montage auf dem Gemälde „Der Wanderer über dem Nebelmeer" links der Rückenfigur.

▶ Vom linkselbischen Oberrathen **01**, wo sich der S-Bahnhof und der Parkplatz befinden, setzt die Personenfähre ins autofreie rechtselbische Niederrathen über, der Anleger in Niederrathen befindet sich an der Mündung des Grünbachs. Zwischen dem Grünbach und Restaurants führt die autofreie Straße aufwärts, auf der zweiten Brücke – noch vor dem Hotel Amselgrund-

schlösschen – geht es über den Grünbach und dahinter im Zickzack dem aussichtsreichen Hang hinauf zum Rhododendronpark und zur Kleinen Bastei **02**. Auf diesem Felsen bietet sich ein eindrucksvoller Blick auf das Rauenstein-Massiv und den Lilienstein, Bänke laden zum Verweilen ein.

Von der Kleinen Bastei folgt der Pfad den Felsabbrüchen kurz ost- wärts und mündet dann in die von Autos kaum befahrene Rhododendronpark-Zufahrt, die im Wechsel aus Wald und Wiesen ostwärts weiterführt und schließlich in die ebenfalls schmale Straße von Waltersdorf nach Niederrathen mündet. Auf ihr geht es kurz links am Gamrig-Parkplatz **03** vorbei und durch die Linkskurve, dann ist schräg

Wandern ist die vollkommenste Art der Fortbewegung, wenn man das wahre Leben entdecken will. Es ist der Weg in die Freiheit.

Elizabeth von Arnim, englische Schriftstellerin (1866 – 1941)

Ein Rastplatz für Genießer!

Heller Sandstein setzt Akzente im Waldesgrün.

rechts der Zustieg zum Gamrig **04** ausgeschildert. Zunächst eben, dann rechts auf einer Stufenanlage geht es hinauf, oben bietet sich ein weiter Blick zum Lilienstein, auf die Festung Königstein, zum Zirkelstein und den Schrammsteinen sowie elbabwärts bis zur Burgsstadt Wehlen **◎**. Vom Gamrig geht es zurück, bis kurz vor der Straße der Wanderweg durch den Aspichgraben rechts abzweigt. Nach wenigen Minuten verlässt der Weg den Wald an einer Wiese mit Blick zu den Feldsteinen und zum Gansfelsen und folgt dem Waldrand links nach Neurathen, wo er beim Haus des Gastes wieder in die Straße mündet. Diese führt rechts zurück zum Anleger der Personenfähre, mit der es zurück nach Oberrathen **01** geht.

Dein Moment für die Ewigkeit

Lass dir Zeit

Der große Vorteil der Digital-Fotografie ist, die Ergebnisse sofort zu sehen. Anders als bei einem Sonnenuntergang hast du bei einem Still-Motiv wie Felsenwänden jede Menge Zeit. Überleg dir ein Konzept, probiere es aus und schau dir das Ergebnis genau an. Wenn du nicht zufrieden bist analysiere genau woran es liegt und probiere es gleich noch einmal.

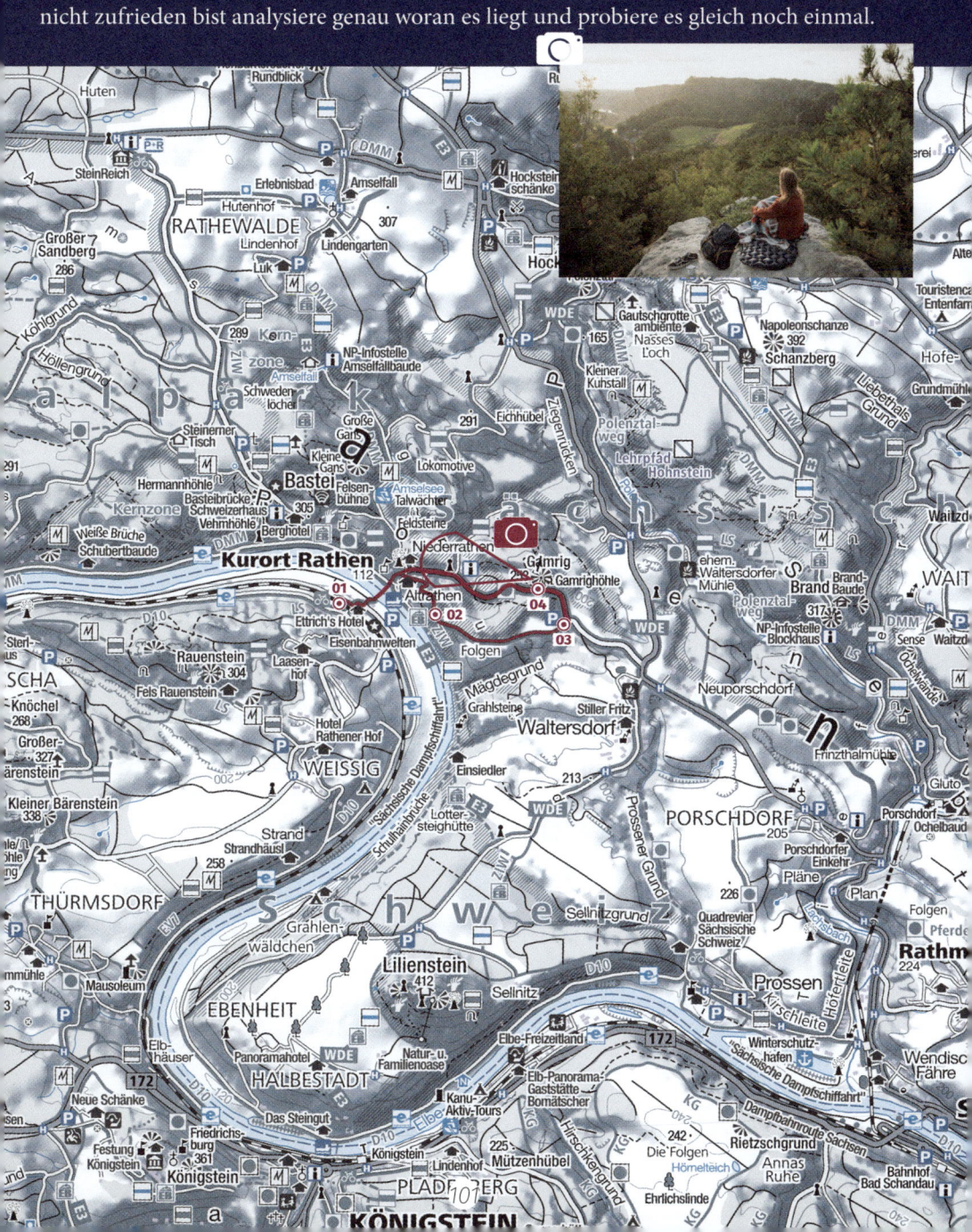

13 Weißer Rückblick

So ähnlich mag es vor knapp 400.000 Jahren rund um den Lilienstein ausgesehen haben: Während der Elster-Kaltzeit drang die Inlandsvereisung bis ins Gebiet um das heutige Bad Schandau vor.

Bilder von: **Eric Friese @ericfriese**

Königstein – Lilienstein

Tourencharakter
Pfade und Stufensteige, die festes Schuhwerk verlangen.

Start und Ziel
S-Bahnhof Königstein (120 m), Bahnhofstraße 19.

Schwierigkeit: leicht - **mittel** - schwer
Dauer: **2:15 h**
Länge: **5,1 km**
Aufstieg **290 hm**
Abstieg **290 hm**

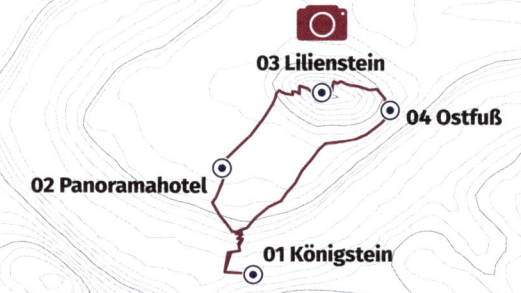

Höhenlinienmodell mit Streckenverlauf

Höhenprofil

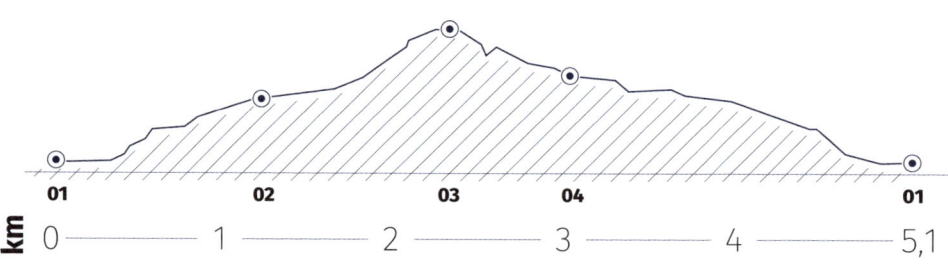

Der Lilienstein ist der König unter den „Steine" genannten Tafelbergen der Sächsischen Schweiz, zusammen mit dem blauen Band der Elbe bildet er das Wappenlogo des Nationalparks Sächsische Schweiz. Der 300 m aus dem Elbtal aufragende Sandsteinhärtling zwingt den Fluss zu einer Südschleife und bietet ein faszinierendes Panorama des Elbsandsteingebirges, das bereits die Maler vor 200 Jahren begeisterte. Auf der Schiffsrückreise nach Dresden legten sie in Königstein einen letzten Übernachtungstag ein, um den Lilienstein zu erwandern.

▶ Vom S-Bahnhof Königstein **01** führt die Elbuferpromenade kurz flussabwärts zum Anleger der Personen- und Fahrradfähre, mit der der Wechsel in den Ortsteil Halbestadt am rechten Elbufer erfolgt. Nun weist die Blaustrich-Markierung des Europäischen Fernwanderwegs 3 die Route steil aufwärts im Hang, anfangs in Serpentinen,

Wer auf dem Lilienstein steht, erlebt – 300 Meter über dem Elbtal „schwebend" – eines der faszinierendsten und umfassendsten Panoramen des Elbsandsteingebirges.

Über den Wolken...

an denen mehrfach Sitzbänke zu aussichts-reichem Verweilen einladen, dann im Wald, auch einige Stufenanlagen sind zu bewälti-gen. Wenn der Blaustrich-Wanderweg aus dem Wald in die aussichtsreichen Grünflu-ren mit Blick zum Lilienstein tritt, lädt das Panoramahotel Lilienstein **02** im König-steiner Ortsteil Ebenheit zur Einkehr ein. Vom Hotel folgt die Blaustrich-Markierung einem Feldweg in die Wälder am Westfuß des Liliensteins. Gegliedert in den steilen, bewaldeten, aus Sandsteinstufen bestehen-den Fußhang, die Wandfluchten, Hörner, Klüfte und Überhänge der Felskrone und das senkrecht abstürzende, von einer dün-nen Lösslehmauflagerung bedeckte bewal-dete Gipfelplateau zieht der Lilienstein von allen Seiten die Blicke auf sich. Seine Form ähnelt aus der Nord- und der Südperspek-tive der eines Schiffs, wobei das vom Plateau

Sonnenstrahlen und Wolkenschleier
umschmeicheln die Berge.

durch eine Kluft abgetrennte Westhorn den Bug bildet.

Auf Stufenanlagen und Leitern führt die Blaustrich-Markierung auf den aussichts-reichen Lilienstein **03**, den mächtigsten Ta-felberg der Sächsischen Schweiz. Das relativ weitläufige, an den Rändern tief zerklüftete Plateau weist zahlreiche Aussichtspunkte auf 📷, von denen jeder einzelne den Auf-stieg lohnt, darunter auf dem Osthorn, beim Wettinobelisken und auf dem über einen Eisensteg erreichbaren Westhorn. Im Norden zeigen sich die Brand- und Ochel-wände, die Hohburkersdorfer Höhe bei Hohnstein, Stolpen und das Lausitzer Berg-land, im Osten oberhalb von Bad Schandau die Schrammsteine und das Winterberg-gebiet sowie Tanecnice, Jedlová, Lausche, Rosenberg und weitere Berge in Tsche-chien, südlich der Elbe die Tafelberge bis hin zu den beiden Zschirnsteinen sowie der Schneeberg, während im Westen das östli-che Erzgebirge, der Cottaer Spitzberg, der Wilisch, der Borsberg mit dem Dresdner Elbtal und die Basteiwände den Rundblick beschließen.

Vom Gipfelbereich führt die Blaustrich-Markierung wiederum teilweise auf Stufen-anlagen durch die Felsen des Nordabstiegs und erreicht am Ostfuß **04** des Liliensteins eine wichtige Verzweigung. Während sich der Fernwanderweg hier scharf links wen-det, gehen wir geradeaus Richtung „König-stein". Der Waldweg mündet gleich darauf in den Kirchweg, und dieser führt rechts weiter Richtung Königstein, markiert mit dem Zeichen Rotstrich. Im bewaldeten Steilhang über der Elbe ist wieder der Blau-strich-Wanderweg erreicht, er senkt sich in Serpentinen zurück zum Fähranleger gegenüber vom S-Bahnhof Königstein **01**.

Dein Moment für die Ewigkeit

Wetter checken

Nicht nur für die Sicherheit auf deinen Touren, auch für ein gelungenes Foto sollte man immer das Wetter checken und auf Besonderheiten achten. Wolken erzeugen im richtigen Maß Dramatik. Eine Inversionswetterlage (Kaltluftsee im Tal) mit einer geschlossenen Wolkendecke erscheint von oben gerne wie ein Meer.

14 „In lapide regis"

Unter diesem lateinischen Namen erscheint die Festung Königstein 1241 erstmals in einer Urkunde. Bis 1922 war sie ein gefürchtetes Gefängnis – Grund genug für eine Besichtigung im Rahmen der hier vorgeschlagenen Tour.

Bilder von: Max Reichenbach
@ma.reichenbach

Zur Festung Königstein

Tourencharakter
Pfade und Stufensteige, die festes Schuhwerk verlangen.

Start und Ziel
S-Bahnhof Königstein (120 m), Bahnhofstraße 19.

Schwierigkeit: **leicht** - mittel - schwer
Dauer: **1:30 h**
Länge: **4,5 km**
Aufstieg **240 hm**
Abstieg **240 hm**

Höhenlinienmodell mit Streckenverlauf

Höhenprofil

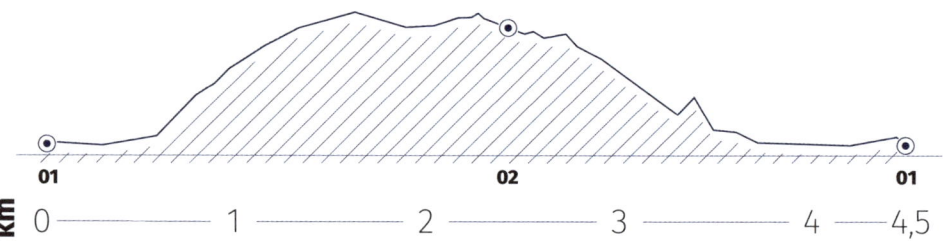

Weitblick war auch für die Burgherrn ein Kriterium.

Geöffnet, um erobert zu werden!

Auffordernde Ankündigung auf www.festung-koenigstein.de

Die Bergfeste Königstein auf einem lang gestreckten Felsplateau über der Elbe wurde zwischen dem 16. und dem 18. Jahrhundert zur stärksten sächsischen Landesfestung ausgebaut, sie beherbergt ein militärhistorisches Freilichtmuseum mit zahlreichen Ausstellungen und bietet unvergessliche Ausblicke auf das Elbsandsteingebirge und bis ins östliche Erzgebirge.

▶ Vom S-Bahnhof Königstein **01** führt die Elbuferpromenade kurz flussabwärts zum Anleger der Personen- und Fahrrad-

fähre. Dort geht es durch die vielbogige Sandstein-Eisenbahnbrücke und am Kreisverkehr kurz bielatalaufwärts auf der Bielatalstraße; Orientierungsmarke ist rechts oben im Hang die klassizistische lutherische Stadtkirche mit ihren hohen, schmalen Korbbogenfenstern. Nach Überqueren der Biela auf der ersten Brücke führen die Blaustrich-Markierung des Europäischen Fernwanderwegs 3 und die namentliche Ausschilderung „Festung" aufwärts zur Kirche, die Häuserzeilen rings um die Kirche stammen aus dem ersten Viertel des 19. Jhs.

Kantige Burgmauern über der runden Elbschleife.

Oberhalb der Kirche gewinnt der Fernwanderweg an Steilheit und taucht in die Hangwälder ein, wo es bald auf einer Stufenanlage weiter aufwärts geht. Wenn der Weg oben den Wald verlässt, lädt eine Sitzbank zum Verweilen ein mit eindrucksvollem Blick auf Königstein und den jenseits des Elbtals aufragenden Lilienstein.

Der Weg führt weiter aufwärts, bei klarer Sicht lohnt der ausgeschilderte Abstecher zur Königsnase genannten Ostecke des Festungsplateaus, wo sich ein herrlicher Ausblick über die Stadt Königstein hinweg bietet. An der Königsnase befanden sich früher ein Wachturm und ein Lastenaufzug für Warenanlieferungen aus der Stadt sowie zeitweilig eine Windmühle. Nördlich der Königsnase erstreckt sich das Blitzeichenplateau; ein Blitzschlag tötete hier 1925 drei Personen und verletzte 28 weitere. Am Fuß der Felsen befindet sich der 1805 angelegte Patrouillenweg; im Bereich der Königsnase kletterte der Schornsteinfegergeselle Sebastian Abratzky im Revolutionsjahr 1848 unbefugt durch den Abratzkykamin in die Festung, um sich das damals recht teure Eintrittsgeld zu sparen. Der Patrouillenweg ist auch ein attraktiver Wanderweg.

Der Blaustrich und die M-Markierung des Malerwegs führen zum Hauptzugang der Festung Königstein **02**. Nach dem Rundgang durch die imposante Festungsanlage führt der Malerweg durch den waldbestandenen Hang nordwestlich der Festung, bald auf einer langen Stufenanlage. An der Wegeverzweigung am Ende der Stufenanlage führt die Rotpunkt-Markierung im elbseitigen Hang zurück nach Königstein **01**. Wer noch einmal auf die Festung Königstein zurückblicken will, kann einen kleinen Abstecher in die ansteigenden Kehren der Cunnersdorfer Straße an die Tour hängen 📷.

Dein Moment für die Ewigkeit

Weniger ist mehr

Welche Bilder sprechen dich an? Als Fotograf muss man seinen Blick schärfen. Schau dir Bilder, die dich fesseln, genau an und versuche zu verstehen, was das Bild besonders macht. Ein Tipp ist Reduktion. Zeig nur genau das, worauf du den Blick lenken willst. So bleibt dein Bild klar und wirkt nicht überladen.

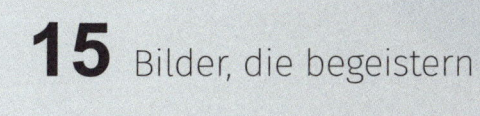

15 Bilder, die begeistern

Die Künstler, an die der Malerweg entlang der Elbe erinnert, waren noch unter sich gewesen. Warum diese Route inzwischen so viele Wanderfreunde begeistert, wird auch zwischen Königstein und Pötzscha rasch klar.

Bilder von: **Sebastian Weingart**
@wunderwald

Königstein – Weißig – Pötzscha

Tourencharakter
Pfade und Stufensteige, die festes Schuhwerk verlangen.

Start
S-Bahnhof Königstein (120 m), Bahnhofstraße 19.

Ziel
S-Bahnhof Pötzscha (137 m), Bahnhofstraße 1.

Schwierigkeit: **leicht** - mittel - schwer
Dauer: **3:30 h**
Länge: **12,3 km**
Aufstieg **350 hm**
Abstieg **340 hm**

06 Pötzscha

05 Rauenstein

04 Weißig

03 Thürmsdorf

02 Festung Königstein

01 S-Bhf. König-stein

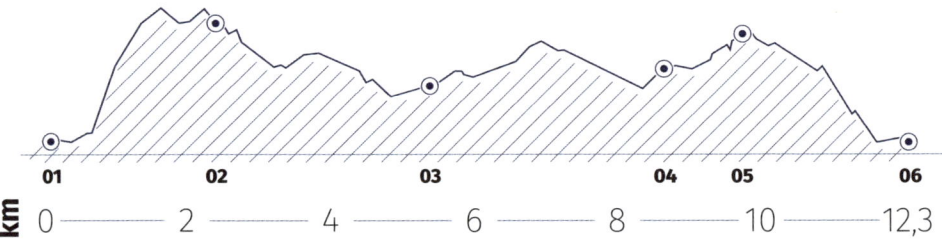

Höhenlinienmodell mit Streckenverlauf

Höhenprofil

01	02	03	04	05	06

km 0 — 2 — 4 — 6 — 8 — 10 — 12,3

Fernblick zu den Festungsmauern.

Der Vorgang des Wanderns trägt zu einem Gefühl psychischen und geistigen Wohlbefindens bei.

Bruce Chatwin, britischer Schriftsteller (1940 – 1989)

Die Festung Königstein und das Rauenstein-Massiv sowie die Ausblicke zum Lilienstein und zur Bastei jenseits der Elbe sind die herausragenden Erlebnisse auf dem Malerweg von Königstein nach Pötzscha. Von dort fährt die S-Bahn zurück zum Ausgangspunkt.

▶ Vom S-Bahnhof Königstein **01** führt die Elbuferpromenade kurz flussabwärts zum Anleger der Personen- und Fahrradfähre. Dort geht es unter der Sandstein-Eisenbahnbrücke und am Kreisverkehr kurz talaufwärts auf der Bielatalstraße; Orientierungsmarke ist rechts oben im Hang die klassizistische lutherische Stadtkirche mit ihren hohen, schmalen Korbbogenfenstern. Nach Überqueren der Biela auf der ersten Brücke weist die namentliche Ausschilderung „Festung" aufwärts zur Kirche, die Häuserzeilen rings um die Kirche stammen aus dem ersten Viertel des 19. Jhs. Oberhalb der Kirche gewinnt der Wanderweg an Steilheit und taucht in die Hangwälder ein, wo es bald auf einer Stufenanlage weiter aufwärts geht. Wenn der Weg oben den Wald verlässt, lädt eine Sitzbank zum Verweilen ein mit eindrucksvollem Blick auf Königstein und den jenseits des Elbtals aufragenden Lilienstein. Nun ist es nicht mehr weit bis zum Eingang der Festung Königstein **02**.

Vom Eingangsbereich führt der Malerweg durch den bewaldeten Hang nordwestlich der Festung, bald auf einer langen Stufenanlage. An der Wegeverzweigung am Ende der Stufenanlage wendet sich der Malerweg links und winkelt kurz vor der B 172 links ab, ehe er auf Höhe des Hotels Neue Schänke die Bundesstraße quert, dahinter rechts und zuletzt auf der Thürmsdorfer Straße in den Erholungsort Thürmsdorf **03** im Pehnatal zu Füßen der Bärensteine führt; der Pehnafall ist mit 20 m Fallhöhe der höchste Wasserfall in der Sächsischen Schweiz.

Am Thürmsdorfer Schloss geht es im Hang des Pehnatals Am Schlossberg talauswärts, bald auf einem Feldweg, der in Richtung des Biedermann-Mausoleums führt, der Grabstätte (1931) der Familie Biedermann, der das Schloss Thürmsdorf bis 1935 gehörte; beim Mausoleum befindet sich ein Rastplatz mit exzellenter Aussicht. Kurz vor dem Mausoleum schwingt der Malerweg links auf die aussichtsreiche Hangschulter über dem Elbtal und führt im Wechsel aus Feld- und Wiesenflur und Waldpassagen an den Eulensteinen vorbei in das Höhendorf Weißig **04**, wobei der Lilienstein stets einen markanten Blickfang bildet. In Weißig beginnt nach Queren der Durchgangsstraße nahe des Hotels „Rathener Hof" der Aufstieg zum Rauenstein. Am Fuß der Rauenstein-Felsen geht es kurz rechts und dann steil links hinauf durch die Felsen auf Stufenanlagen, oben auf dem aussichtsreichen Rauenstein **05** **O** lädt die Berggaststätte Fels Rauenstein zur Einkehr ein. An der Berggaststätte beginnt der Rauen-stein-Kammweg. In passagenweise steilen Auf- und Abstiegen leitet er über das zerklüftete Felsmassiv, immer wieder auf Brücken, Leitern und Stufenanlagen, vorbei an zahlreichen Aus-

Keck und frech ragen die Felsen über die Wipfel hervor.

sichtsstellen. Nach dieser knapp 1 km andauernden „Kletterpartie" wird der Wanderweg bequem und leitet über den bewaldeten Gansrücken hinab nach Pötzscha **06**, den linkselbischen Ortsteil der Burgstadt Wehlen. Der Name der zum S-Bahnhof hinabführenden Robert-Sterl-Straße ehrt den impressionistischen Maler Robert Sterl (1867–1932), der mit Steinbrechbildern den Schwerarbeitern seiner Heimat ein eindrucksvolles Denkmal gesetzt hat; das Kunstmuseum Robert-Sterl-Haus befindet sich in Haus Nr. 40, dem Wohnhaus des Malers.

Dein Moment für die Ewigkeit

Gewusst wann

Auf der Suche nach der besten Positionierung ist es verlockend, sich immer noch einen Schritt weiter vorzuwagen. Gerade an den steilen Felswänden sollte man die Gefahren nicht auf die leichte Schulter nehmen. Bei Gratwanderungen und Schlüsselstellen muss man die Hände frei haben und die Kamera in den Rucksack packen.

16 Senkrechtes Symbol

Die Barbarine, eine 42,7 Meter hohe und frei stehende Felsnadel im Massiv des Pfaffensteins, gilt als das Wahrzeichen der Sächsischen Schweiz. Welch ein Kontrast zu den flachen Zirnsteinen am Horizont!

Bilder von: Anne Köhler @anne.khlr

Königstein – Pfaffenstein – Barbarine

Tourencharakter
Insgesamt steile Wanderung, Steiganlagen am Pfaffenstein.

Start und Ziel
S-Bahnhof Königstein; Anfahrt auf der B 172 Dresden – Pirna – Königstein.

Schwierigkeit: leicht - **mittel** - schwer
      Dauer: **3:00 h**
      Länge: **8,4 km**
     Aufstieg **320 hm**
     Abstieg **320 hm**

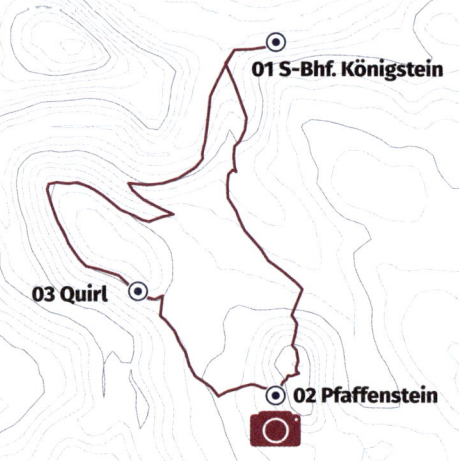

01 S-Bhf. Königstein
03 Quirl
02 Pfaffenstein

Höhenlinienmodell mit Streckenverlauf

Höhenprofil

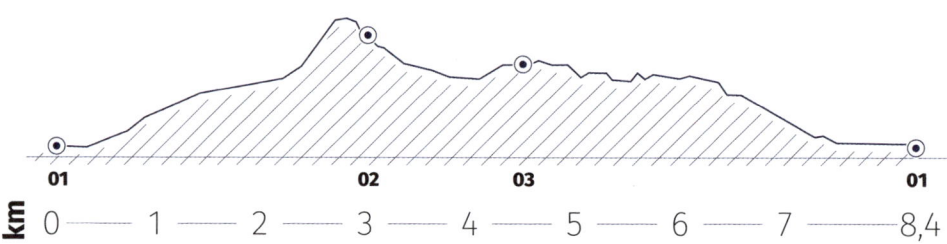

Von Königstein an der Mündung der Biela in die Elbe führt diese Wanderung über den zerklüfteten Pfaffenstein zum Quirl, wo uns mit der Quirlpromenade einer der schönsten Hochwaldsteige der Sächsischen Schweiz erwartet.

▶ Vom S-Bahnhof Königstein **01** gehen wir elbseitig der Bahnlinie wenige Meter fluss-

elbabwärts bei klarer Sicht Dresden zeigt. Auf dem Plateau sollte man den ausgeschilderten Abstecher zur Barbarine (als Kletterfelsen seit 1975 gesperrt!) unternehmen, einer sagenumwobenen Felsnadel, die als ein Wahrzeichen der Sächsischen Schweiz gilt ⬚. Nach dem Nadelöhr und vor der Gaststätte rechts abbiegen zum ausgeschilderten Opferkessel.

Was du für den Gipfel hältst, ist nur eine Stufe.
Seneca, römischer Dichter und Philosoph (etwa 1– 65)

abwärts, treffen beim Anleger der Elbfähre auf die Wanderwegweiser (Richtung „Pfaffenstein"), folgen der Bielatalstraße kurz aufwärts zur Kur-sächsischen Postdistanzsäule und biegen mit der Markierung. „Grünpunkt" links auf den Weg „Pfaffenberg" ab, der im Hang des Bielatals steil aufwärts führt. Oben in Pfaffendorf mündet der Grünpunkt-Weg auf die serpentinenreiche Kreisstraße, folgt ihr kurz aufwärts, biegt an den Wanderwegweisern rechts ab und leitet hinauf zum Pfaffenstein **02**, wobei der steile Schlussanstieg durch das Nadelöhr auf einer Stufenanlage erfolgt. Auf dem zerklüfteten, bewaldeten Gipfelplateau lädt eine Bergwirtschaft zur Einkehr, der steinerne Aussichtsturm gewährt Aussicht ostwärts zu den Zschirnsteinen und zum Rosenberg, während sich

Bei der Gastwirtschaft sind mehrere Abstiegsvarianten ausgeschildert (z. B. der abenteuerliche Klammweg), wir folgen der „bequemen", die sich wiederum ver-

Hier ist Trittsicherheit angesagt.

zweigt. Die Varianten treffen unterhalb des Jäckelfelsens in der Nähe einer als Kleiner Kuhstall bezeichneten Trümmerhöhle wieder zusammen. Hier am Westfuß des Pfaffensteins finden sich auch die Reste einer bronzezeitlichen Wallanlage. An der Verzweigung unterhalb der Wallanlage folgen wir der Rotpunkt-Markierung weiter abwärts, wechseln in den Hang über dem Tal des Cunnersdorfer Bachs und umrunden auf der Quirlpromenade den Quirl **03**, den Tafelberg mit dem größten Sandsteinplateau der Sächsischen Schweiz; früher befanden sich hier Felder. Kurz nach Passieren eines Sandsteintrogs kann man auf dem Kanonenweg einen Abstecher auf das Plateau unternehmen und im Südosten die Quirlaussicht genießen. Wer weiter über das Quirlplateau streift, trifft auf Verwitterungsformen, die mit Namen wie Feuerpfanne, Teufelssitz und Opferbecken bezeichnet sind. Die 29 m lange und bis zu 4 m hohe Diebshöhle (Diebskeller) auf der Nordostseite des Quirls ist die größte Schichthöhle des Elbsandsteingebirges. Kurz nach der Diebshöhle zweigt die Rotpunkt-Markierung scharf links ab und leitet hinab nach Königstein **01**.

Ein Baumsolitär inmitten der Stein- und Waldwildnis.

Dein Moment für die Ewigkeit

Gegen das Licht

...das ist Fluch und Segen in einem. Gegenlicht lässt Haare in Gold erstrahlen und magisch leuchten und du kannst gezielte lens flares erzeugen. Es besteht die Gefahr von unbeabsichtigten Blendenflecken, Über- und Unterbelichtung. Setze die Belichtungsmessung weder an dem hellsten (Sonne), noch an dem dunkelsten Fleck (Schatten) an. So wird das Bild gleichmäßiger belichtet. 📷

17 Säulen der Stärke

Der bärenstarke Heros der Antike im Elbsandsteingebirge? Nein, denn ihren Namen erhiel-
ten die schlanken, 20 Meter hohen Herkulessäulen erst um 1826 – da erschien er erstmals
im Reisebuch „Biela oder Beschreibung der
westlichen sächsisch-böhmischen Schweitz".

Bilder von: **Sebastian Weingart**
@wunderwaldphoto

Ins Bielatal

Tourencharakter
Waldwanderung auf Pfaden und Steigen mit zahlreichen Stufenanlagen.

Start und Ziel
Parkplatz bei der Ottomühle am Ende des für den öffentlichen Verkehr freigegebenen Teils der Straße im Bielatal. Anfahrt auf der B 172 Pirna–Königstein; abbiegen Richtung Bielatal.

Schwierigkeit: leicht - **mittel** - schwer
Dauer: **2:00 h**
Länge: **5,6 km**
Aufstieg **240 hm**
Abstieg **240 hm**

Höhenlinienmodell mit Streckenverlauf

Höhenprofil

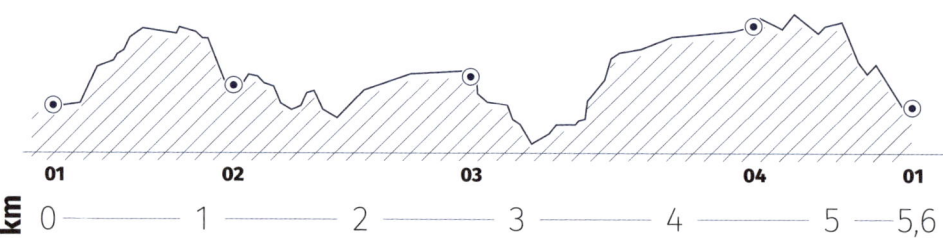

> Was Berge sind? Ein Haufen Steine? Oder ein
> Spielplatz unserer Träume, Abenteuer... Ein Zirkus,
> in dem wir selbst Dompteure unserer Taten sind?
>
> Reinhard Schiestl, österreichischer Alpinist und Sportkletterer (1957–1995)

So mancher Aussichtsplatz wurde auch mit Fantasiebauten verschönert.

Diese Wanderung führt durch die Felsenwelt des Bielatals zwischen Otto- und Schweizermühle. Da es viel zu sehen gibt, sollte man ungeachtet der wenigen Kilometer viel Zeit einplanen.

▶ Hinter dem Kassenhäuschen am oberen Ende des Großparkplatzes **01** zweigen wir links auf ein pfadartiges Weglein ab, überqueren auf einem in die Jahre gekommenen Steg die Biela und wenden uns dahinter halblinks auf einem Pfad/Steig, der im Wald – rechts der Kanzelturm – zu den Felsen hinaufführt. Eine echte Wanderung, bei der man sich vorwärtsbewegt, kann man diese Tour kaum nennen. Die von den Talrändern losgelösten Felsen scheinen ein Eigenleben zu führen, in den bizarrsten Formen entragen sie dem Wald und haben seit den Zeiten der Romantik viele Künstler inspiriert. Kein Stein ist hier mehr unberührt, überall ertönt das Klappern und Rufen der Kletterer. Wer das Gebiet in Ruhe erleben will, muss kommen, wenn der Fels nass ist, denn dann darf nicht geklettert werden. Am Schiefen Turm folgen wir weiter der Ausschilderung „Felsengasse", wenig später mündet ein aus dem Bielatal heraufführender, mit

„Gelbpunkt" markierter Weg/Steig ein, und diese Markierung gibt die weitere Route vor. Nach Passieren der kühn aufragenden Herkulessäulen  und Durchschreiten der Felsengasse (rechts hoch!) bietet der von einer künstlichen, zinnenbekrönten Ruine überhöhte Bielablick **02** eine hervorragende Aussicht. Nun führt die Gelbpunkt-Route hinab zur Kreisstraße, folgt ihr kurz rechts hinauf und zweigt dann links ab zu den Aussichtskanzeln von Wetterfahnenfels **03** und Bastei. Nach dem Zwischenabstieg in das Bielatal leitet der „Gelbpunkt" auf der linken Talseite zum Felskegel Nachbar, der einen prachtvollen Blick auf das Tal und die Felsen im gegenüberliegenden Hang bietet. Durch ein Felsentor leitet der Steig weiter aufwärts und mündet oben auf einen Forstweg („Gelb-" und „Grünpunkt"), dem wir links folgen, bis der Leiterauf-

stieg zum Sachsenstein ausgeschildert ist. Die Aussichtsplatte des im Rahmen eines kurzen Abstechers erreichbaren Felsturms bietet einen eindrucksvollen Blick hinüber zum Bielablick und die Felsgruppe um den Schiefen Turm.

Der Zugang zum Sachsenstein erfordert eventuell etwas Schwindelfreiheit. Vom Sachsenstein kehren wir zurück zum Weg und wandern weiter zur Johanneswacht **04**. Auch von hier aus bildet der Bielablick-Ruinen-Pavillon auf der mauer- bzw. zinnenartig aufragenden Felsenkette gegenüber einen markanten Blickfang. Während die Gelbpunkt-Markierung an der Johanneswacht direkt ins Tal hinabführt, folgen wir dem „Grünpunkt" weiter Richtung Ottomühle und kehren zurück zum Ausgangspunkt **01**.

Morgenstimmung über dem Tal.

Dein Moment für die Ewigkeit

Bring Farbe ins Spiel

Die Lichtstimmung hat schon so wenig Farbe, dass man von Schwarz-Weiß(SW)-Fotografie sprechen kann. Genau hier kannst du einen Farbklecks ganz gezielt positionieren. Das leuchtende Gelb der Kleidung gibt dem Bild genau den richtigen Gegenimpuls.

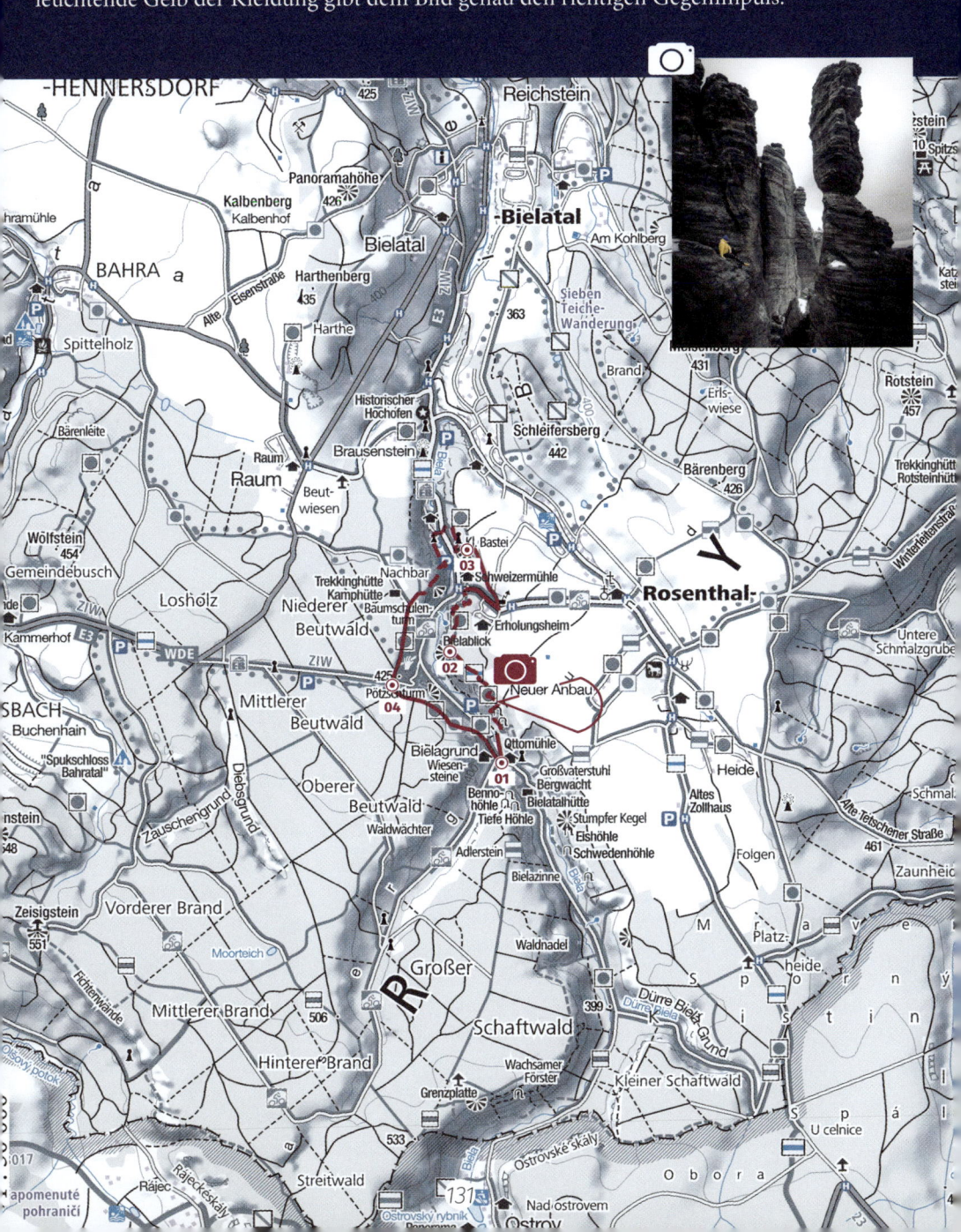

18 Gohrisch-Geschichte(n)

Da unten, am Fuß des Pfaffensteins, begrüßte Gutsherr Adelbert Hauffe schon anno 1869 die ersten auswärtigen Feriengäste; da unten komponierte Dimitri Schostakowitsch im Gästehaus der DDR: Gohrisch, der Startpunkt dieser Tour, ist die traditionsreichste „Sommerfrische" der Sächsischen Schweiz.

Bilder von**: Eric Friese @ericfriese**

Gohrisch – Pfaffenstein – Königstein

Tourencharakter
Wald-, Wiesen- und Schluchtenwanderung auf Wegen, Pfaden und Steigen unterschiedlicher Beschaffenheit, teils mit Stufenanlagen.

Start und Ziel
Kurort Gohrisch (318 m). Der Einstieg in den Malerweg befindet sich am westlichen Ortsrand an der Pfaffensteiner Straße (Durchgangstraße) nahe des Hotels Margaretenhof.

Schwierigkeit: leicht - **mittel** - schwer
Dauer: **3:15 h**
Länge: **12,4 km**
Aufstieg **370 hm**
Abstieg **370 hm**

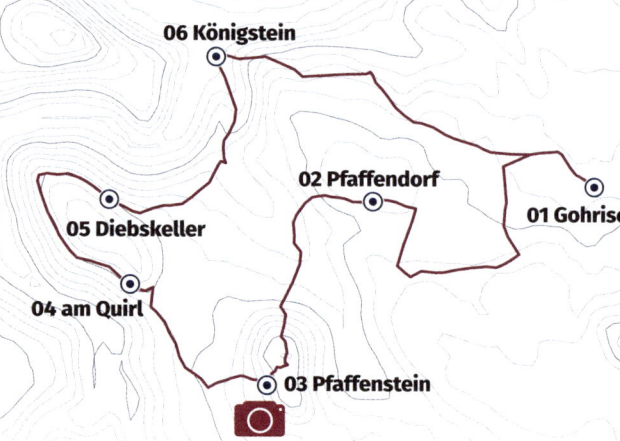

Höhenlinienmodell mit Streckenverlauf

Höhenprofil

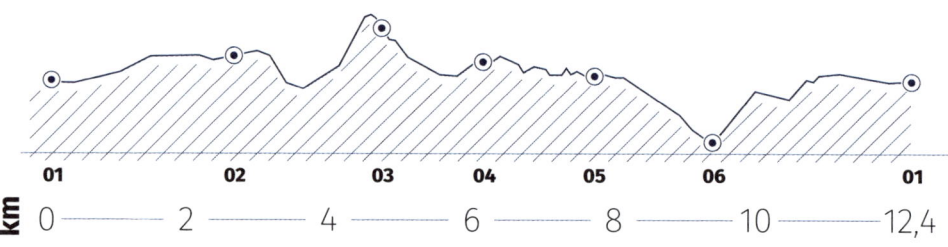

Der aussichtsreiche Tafelberg Pfaffenstein mit der Felsnadel Barbarine ist ein Wahrzeichen der Sächsischen Schweiz, auf der gegenüberliegenden Seite des Elbtals erhebt sich der Lilienstein, der „König der Steine" der Sächsischen Schweiz.

Du musst nicht die ganze Treppe sehen – nimm am Anfang nur die erste Stufe.

Sprichwort

Stufen über der Sommerfrische.

▶ Von der Einmündung des alleeartigen Königswegs in die Pfaffendorfer Straße am westlichen Ortsrand des Kurorts Gohrisch **01** folgt der Malerweg der Pfaffendorfer Straße kurz Richtung Königstein und wechselt dann rechts auf dem Alten Schulweg in den Wald. Schon bald verlässt der Alte Schulweg wieder den Wald und senkt sich in das Königsteiner Höhendorf Pfaffendorf **02** am Fuß des Pfaffensteins. Von der Bushaltestelle in der Ortsmitte führt der Pfaffensteinweg bergwärts zur Gasthaus-Pension Zum Pfaffenstein und zum Barbarinenhof und tritt in den Wald ein, in dem eine lange Stufenanlage, das Nadelöhr, zum Gasthaus auf dem aussichtsreichen Pfaffenstein führt. Der Pfaffenstein **03** ist neben Lilien- und Königstein der dritte bedeutende „Stein" der Sächsischen Schweiz. Der zerklüftete Tafelberg 📷, der eine bronzezeitliche Höhensiedlung trug, weist Schalensteine, schüsselartige Vertiefungen („Opferkessel", „Rittersitz"), mehrere Höhlen (Goldschmidtshöhle, Falkenhöhle) und eigenwillige Felsgebilde auf, darunter die Felsnadel Barbarine, die der Sage zufolge eine verzauberte Jungfrau ist. Lehmauflagerungen begünstigen auf dem Pfaffenstein die Ansammlung von Wasser, sodass dieser Berg zu allen Zeiten als Zufluchtsstätte geeignet war.

Der Malerweg verlässt den Pfaffenstein westwärts in den Wäldern, in denen Kirchleiten- und Kohlweg zum nächsten Aussichtsfelsen weiterleiten, dem Quirl **04**. Der Quirl ist der Tafelberg mit dem größten Sandsteinplateau der Sächsischen Schweiz, die Obere Quirlpromenade im Steilhang über dem Bielatal ein faszinierender Hochwaldsteig. Früher wurde auf der von einer Lehmauflage bedeckten Gipfelfläche Feldwirtschaft betrieben. Kurz nach Passieren eines Sandsteintrogs kann man auf dem Kanonenweg einen Abstecher auf das Plateau unternehmen und im Südosten die Quirlaussicht genießen. Wer weiter über das Quirlplateau streift, trifft auf Verwitterungsformen, die mit Namen wie Feuerpfanne, Teufelssitz und Opferbecken bezeichnet sind; vom Malerweg aus ist das Quirlplateau an mehreren Stellen auf ausgeschilderten Zuwegen erreichbar.

Der 29 m lange und bis zu 4 m hohe Diebskeller **05** auf der Nordostseite des Quirls ist die größte Schichthöhle des Elbsandsteingebirges. Beim Diebskeller beginnt der Abstieg in die Festungsstadt Königstein **06** an der Mündung der Biela in die Elbe.

An der Bielabrücke auf Höhe der Kirche beginnt kurz vor dem S-Bahnhof Königstein der Rückweg Richtung „Gohrisch". Von der Bielatalstraße führt die Gelbstrich-Markierung (anfangs zugleich Gelbpunkt und Grünstrich) auf einer Stufenanlage ostwärts durch den Hang, taucht in den Wald ein und schwingt zuletzt rechts hinauf zurück zum Kurort Gohrisch **01**.

Spezialbeleuchtung für ein Steinsymbol der Sächsischen Schweiz.

Dein Moment für die Ewigkeit

Safety first

Als Fotograf bist du nicht nur für dich und deine Kamera verantwortlich. Deine Vorsicht sollte auch immer deinem Model gelten. So spektakulär manche Orte auch sind, ihr solltet keine unnötige Gefahr eingehen und ungesicherte Wege verlassen.

19 Gradewegs zum Pontifex

Der Heilige Vater war zwar noch nie auf dem Papststein – eine wahrhaft himmlische Aussicht schenkt der 451 Meter hohe Tafelberg jedoch allemal. Gleiches gilt auch für das benachbarte Gipfelplateau des Gohrisch.

Bilder von: **Sebastian Weingart**
@wunderwaldphoto

Gohrisch – Papststein

Tourencharakter
Meist bequeme Wald- und Wiesenwanderung, an Gohrisch und Papststein Steiganlagen.

Start und Ziel
Bushaltestelle und Parkplatz Gohrisch-Ortsmitte. Anfahrt auf der B 172 Dresden–Pirna–Königstein, kurz hinter Königstein rechts ab nach Gohrisch.

Schwierigkeit: leicht - **mittel** - schwer
Dauer: **2:45 h**
Länge: **7,3 km**
Aufstieg **290 hm**
Abstieg **290 hm**

Höhenlinienmodell mit Streckenverlauf

Höhenprofil

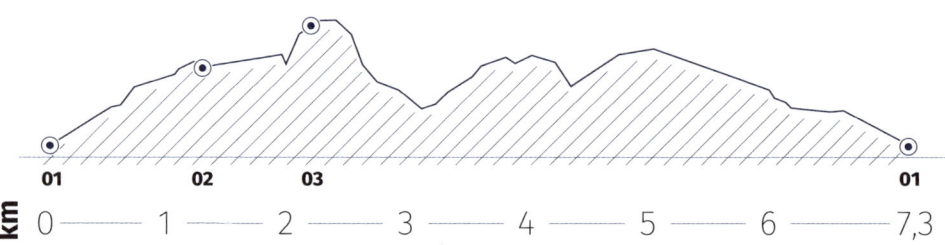

Schritt für Schritt dem Papststein entgegen.

Der Papststein besticht durch seine atemberaubende Rundumsicht über die Sächsische Schweiz. Von hier hat man den wohl schönsten Sonnenuntergang.

www.berggast.de/papststein, die Webseite der Bergwirtschaft Papststein.

Vom Kurort Gohrisch führt diese Wald- und Aussichtswanderung auf die Felsberge Gohrisch und Papststein.

▶ Von den Wanderwegweisern in der Ortsmitte von Gohrisch **01** leitet die Gelbpunkt-Markierung aufwärts in das Wiesental des Stillen Grunds, oberhalb ragt der Gohrisch auf, beim Blick zurück zeigt sich jenseits des Elbtals der Lilienstein. Oben am Waldrand kann man geradeaus durch den Stillen Grund weitergehen, wir folgen jedoch dem Gelbpunkt-Weg rechts am Waldrand entlang mit einem erstklassigen Panorama, die Aussichtsbank „Onkel Pauls Ruhe" lädt zum Genießen ein. An der Wegkreuzung bei der 1871 gepflanzten Friedenslinde wechseln wir links auf den mit „Gelbstrich" markierten Muselweg und wandern im Wald hinauf zum Gohrisch **02**, wobei man für den Schlussaufstieg zwischen zwei steilen Leiteraufstiegen (Südseite) und dem bequemeren Aufstieg an der Westseite wählen kann **◯**.

Von der Schutzhütte steigen wir ab zum Naturdenkmal Säulensandstein und zum Parkplatz in der Senke zwischen Gohrisch und Papststein **03**, wobei nun die zwischenzeitlich eingemündete Rotpunkt-Markierung den Weg/ Steig auf den Papststein weist. Blickfang während des Aufstiegs (mit Stufen) sind die schroffen Felsen der Hunskirchen, an denen im Jahr 1996 Bergsteiger Transparente entrollten und erfolgreich Tiefflieger aus der Sächsischen Schweiz vertrieben.

Vom Papststein, der wie der Gohrisch mehrere Aussichtsstellen aufweist, leitet der „Rotpunkt" hinab bis zu den ersten Häusern von Papstdorf-Rapsdörfel; eine Sitzbank mit erstklassiger Aussicht zu den Schrammsteinen lädt hier zur Rast. An dieser Aussichtsstelle verlassen wir den Rotpunkt-Weg und folgen der schmalen Zufahrt zwischen Häuser und Gärten abwärts, nun mit schönem Blick auf die Kirche von Papstdorf. Unten in der Linkskurve zweigen wir geradeaus auf den Hans-Förster-(= Weinleiten-)Weg ab, der unterhalb eines Felssturzes (1972) entlangführt. An der Straße geht es kurz links hinab und auf dem ersten Weg rechts durch die Wiesen. An der ersten Straße treffen wir wieder auf die Gelbstrich-Markierung und wandern auf dem bekannten Muselweg zurück in den Kurort Gohrisch **01**.

Blick zu Gohrisch und Quirl.

Dein Moment für die Ewigkeit

Im Vordergrund

Dass dieses Bild Ende August entstanden ist, verrät weder das Wetter noch die Lichtverhältnisse. Eine Variante Farbe ins Spiel zu bringen ist die Wahl der Kleidung. Eine zweite Option ist, dir einen farbenfrohen Vordergrund zu suchen und so ein weiteres Highlight im Bild zu setzen.

20 Schrammsteinaussichten

Der Name ist Programm: Wer eine Gesamtschau des größten zusammenhängenden Felsreviers der Sächsischen Schweiz genießen möchte, muss einen mit Geländern gesicherten Grat hoch über der Elbe erklimmen.

Bilder von: Sebastian Weingart
@wunderwaldphoto

Schrammsteinbaude – Schrammsteinaussicht

Tourencharakter
Steiganlagen an den Schrammsteinaussichten, ansonsten bequeme Waldwege und -pfade, teils steil.

Start und Ziel
Schrammsteinbaude (180 m), Zahnsgrund 5 in Bad Schandau-Ostrau; Parkplatz und Bushaltestelle an der Stadtbuslinie S-Bahnhof Bad Schandau – Schrammsteinbaude – Ostrau. Parkplatz auch direkt am Zugang in den Schießgrund.

Schwierigkeit: leicht - **mittel** - schwer
Dauer: **2:15 h**
Länge: **5,7 km**
Aufstieg **240 hm**
Abstieg **240 hm**

01 Schramm-
steinbaude

02 Schramm-
steinaussicht

Höhenlinienmodell mit Streckenverlauf

Höhenprofil

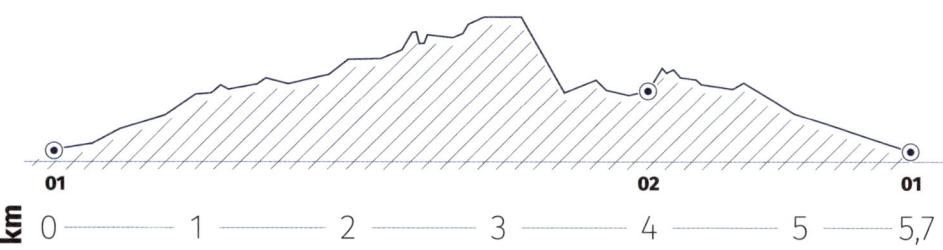

| 01 | | | | | 02 | | 01 |
km 0 — 1 — 2 — 3 — 4 — 5 — 5,7

Ein Märchen von tausendundeinem Fels.

Die Schrammsteine präsentieren sich als eine langgestreckte, urwüchsige, stark zerklüftete Felsgruppe östlich von Bad Schandau.

Aus: www.nationalpark-saechsische-schweiz.de

Die Schrammsteinaussichten sind die faszinierendsten Panoramafelsen der Hinteren Sächsischen Schweiz, anders als die berühmte Bastei in der Vorderen Sächsischen Schweiz sind sie nur im Rahmen einer steilen Wanderung erreichbar, die zudem ein Mindestmaß an Schwindelfreiheit verlangt.

▶ Die am Rand des Nationalparks gelegene Gaststätte Schrammsteinbaude **01** im Zahnsgrund zu Füßen der wild zerklüfteten Schrammsteine ist seit der Kaiserzeit der klassische Ausgangspunkt für Wanderungen in diese imposante Felsenwelt. Oberhalb der Gaststätte zweigt von der Straße der mit dem Zeichen „Grünpunkt" mar-

kierte Weg in den Schießgrund ab, wechselt an der ersten Verzweigung in die Nasse Tilke und leitet am imposanten Falkenstein vorbei aufwärts zur Wegeverzweigung am Schrammtor. Vom Schrammtor leiten die Blaustrich-Markierung des Europäischen Fernwanderwegs 3 und die M-Markierung des Malerwegs passagenweise auf Leiterstegen durch das vom Schrammtorwächter und den Ostertürmen flankierte Felsentor, dann bequem weiter auf der Vorderen Promenade im Wald am Fuß der Schrammsteine, bis hinter dem Felsen Jungfer der Jägersteig links hinauf zu den Schrammsteinaussichten abzweigt. Nach etwa 100 Höhenmetern auf Leitern und Treppen ist an einer Einsattelung der Schrammsteingrat erreicht; die Einsattelung trennt die hinteren Schrammsteine von den vorderen. Der geländergesicherte Steig führt links hinauf zur Schrammsteinaussicht **02**, deren es mehrere gibt, die Elbaussicht und die Torsteinaussicht  sind die bekanntesten.

Von der Schrammsteinaussicht geht es am Schrammsteinwächter vorbei kurz zurück, die Grünpunkt-Markierung wechselt auf eine Stufenanlage, die durch den Mittelwinkel hinabführt. Hier geht es noch einmal auf Leitern hinunter, allerdings ist auch an sonnigen Tagen das Gedränge nicht so groß wie auf dem Jägersteig. Unten im Vorderwinkel kreuzt der Gelbstrich-Weg. Er führt am Fuß der Schrammsteinfelsen links zurück zur Abzweigung des Schießgrundes. Die Grünpunkt-Markierung führt auf der bekannten Route durch den Schießgrund zurück zum Ausgangspunkt an der Schrammsteinbaude **01**.

Die herbstliche Wolkenbeleuchtung bildet einen unvergleichlichen Rahmen.

Dein Moment für die Ewigkeit

Richtig belichtet

Die Kamera kann nur einen gewissen Bereich des Lichtes auf einmal abbilden. Sie konzentriert sich entweder auf einen helleren oder einen dunkleren Lichtbereich. Setzt man die Belichtungsmessung im Bereich des Himmels, werden die Wolken schön erkennbar sein, die dunklen Bereiche aber wenig Licht abbekommen.

21 Tausend Türme

Es zahlt sich aus, die in Kapitel 20 beschriebene Wanderung durch das turmreiche Felsreich der Schrammsteine noch bis zur Breiten Kluft zu verlängern. Als Lohn winkt dieses einzigartige Panorama.

Bilder von: **Anne Köhler @anne.khlr**

Schrammsteine – Elbleitenweg

Tourencharakter
Steiganlagen an den Schrammsteinaussichten, ansonsten bequeme Waldwege und -pfade.

Start und Ziel
Schrammsteinbaude (180 m), Zahnsgrund 5 in Bad Schandau-Ostrau; Parkplatz und Bushaltestelle an der Stadtbuslinie S-Bahnhof Bad Schandau – Schrammsteinbaude – Ostrau.

Schwierigkeit: leicht - **mittel** - schwer
Dauer: **3:00 h**
Länge: **8,9 km**
Aufstieg **240 hm**
Abstieg **240 hm**

01 Schramm-steinbaude

02 Schramm-steinaussicht

03 Verzw. Breite Kluft

Höhenlinienmodell mit Streckenverlauf

Höhenprofil

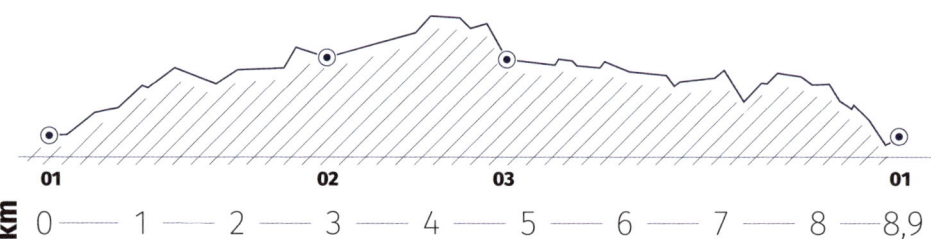

Kaum eine Tour lässt Wandernden die Seele der Sächsischen Schweiz so erahnen wie diese!

▶ Von der Schrammsteinbaude **01** im Zahnsgrund geht es längs der Straße kurz aufwärts, bis der mit dem Zeichen „Grünpunkt" markierte Wanderweg vor dem Parkplatz rechts in den Schießgrund abzweigt. An der ersten Verzweigung wechselt er rechts in die Nasse Tilke und leitet aufwärts zur Wegeverzweigung am Schrammtor. Das Schrammtor ist ein vom Kletterfelsen Schrammtorwächter und den Ostertürmen flankiertes Felsentor. Vom Schrammtor leitet die Blaustrich-Markierung bequem auf dem Schrammsteinweg durch den Wald am Fuß der Schrammsteine zur Verzweigung am Felsen Jungfer. Hier zweigt der Wildschützensteig links hinauf zu den Schrammsteinaussichten ab. Nach etwa 100 Höhenmetern auf Leitern und Treppen erreicht er an einer Einsattelung den Schrammsteingrat. Der geländergesicherte Steig führt links hinauf zu den Schrammsteinaussichten **02**, darunter zur Elbaussicht und der Torsteinaussicht. Von den Schrammsteinaussichten geht es zurück zur Einsattelung 📷, an welcher der Wildschützensteig einmündet, und hier geradeaus aufwärts auf dem breiten, aussichtsreichen Kamm, auf dem der „Grat-

Die Natur muss gefühlt werden.
Alexander von Humboldt (1769 – 1859)

Wer zählt die Spitzen der Schrammsteine?

Barfuß spürt man die Energie des Steins am besten.

weg" weiterführt. Der Wanderpfad heißt nun „Schrammsteinweg". Er bleibt zunächst im elbtalseitigen Wald, wechselt dann durch ein Felstor auf die Winkelseite und erreicht oberhalb der Breiten Kluft **03** eine wunderbare Raststelle mit Elbblick. Jenseits der Elbe zeigen sich Zirkelstein, Kaiserkrone, Wolfsberg und von der Seite die Zschirnsteinwand, auch der Große Winterberg ist jenseits des Rauschensteins in Sicht.

Die Grünstrich-Markierung leitet steil hinab durch die Breite Kluft, in der von der Stufenanlage aus eindrucksvolle Brauneisenverwitterungen zu sehen sind, und mündet an der ersten Verzweigung in den Elbleitenweg. Dieser überwiegend im Wald unterhalb der Felsabstürze verlaufende Hangweg ist mit dem Zeichen „Grünpunkt" markiert, zwischen den Bäumen zeigt sich immer wieder das Band der Elbe. Kurz nach Passieren des Teufelsturms ist am Wegrand ein wuchtiger Felsblock mit eindrucksvollen Wabenverwitterungen zu sehen. Schließlich erreicht der Elbleitenweg wieder die Verzweigung am Schrammtor und die Blaustrich-Markierung führt durch den eindrucksvollen Lattengrund passagenweise auf Stufenanlagen zurück zum Zahnsgrund. An der Straße geht es rechts hinauf zum Ausgangspunkt an der Schrammsteinbaude **01**.

Dein Moment für die Ewigkeit

Schappschuss vs. Planung

Einem Schnappschuss steht ein genau konzipiertes Foto gegenüber. Die meisten Fotos, die uns aus Magazinen oder online begeistern, sind genau geplant. Dazu gehört es auch, sich mit seinen Models abzusprechen und sie in Szene zu setzen.

22 Affentheater

Niemand würde sich über Schimpansen oder Orang Utans wundern, die durch das Kleine Prebischtor tollen. Das Wurzelgeflecht der Buche verstärkt die Exotik der Oberen Affensteinpromenade nur noch.

Bilder von: **Max Reichenbach**
@ma.reichenbach

Beuthenfall – Schrammsteine

Tourencharakter
Tal- und Höhenwanderung auf teils bequemen, teils getreppten/gestuften Wegen und Pfaden mit Steiganlagen.

Start und Ziel
Beuthenfall (150 m), Parkplatz und Haltestelle der Kirnitzschtalbahn Bad Schandau–Lichtenhainer Wasserfall an der Kirnitzschtalstraße in der National-parkgemeinde Kirnitzschtal.

Schwierigkeit: leicht - **mittel** - schwer
        Dauer: **3:30 h**
        Länge: **10,0 km**
      Aufstieg **330 hm**
       Abstieg **330 hm**

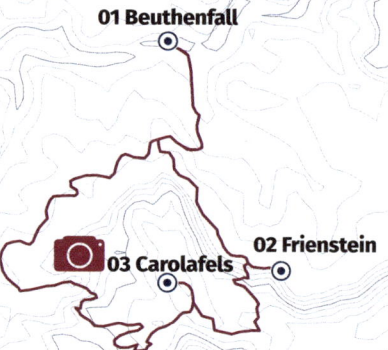

Höhenlinienmodell mit Streckenverlauf

Höhenprofil

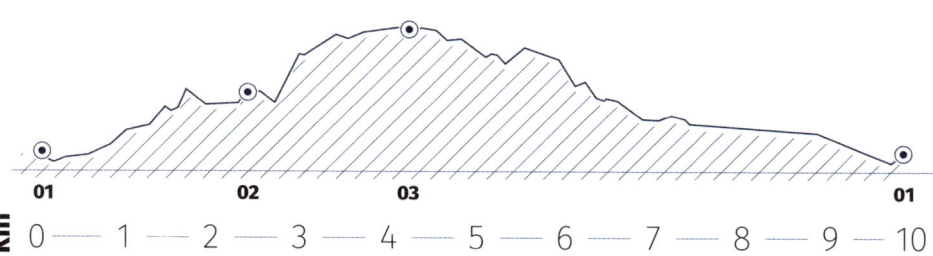

Mit einem Affenzahn geht's über die Steinspitzen.

Die Wanderpfade führen durch ein stark zerklüftetes Felsgebiet, in dem man sich auch mit genauen Wanderkarten (1:10.000) verlaufen kann...

Sachdienlicher Hinweis auf www.saechsisch-boehmische-schweiz.de

Diese großartige Fels-, Wald- und Panoramatour führt durch das Massiv der Affensteine zum aussichtsreichen Carolafelsen und sollte bei guter Sicht zu den Schrammsteinen verlängert werden.

▶ Von der Kirnitzschtalbahn-Haltestelle Beuthenfall **01** geht es kurz auf der Kirnitzschtalstraße talabwärts und auf der Steinbrücke ans linke Ufer, wo der mit dem Zeichen „Rotstrich" markierte Wanderweg im Dietrichsgrund auf der für den öffentlichen Verkehr gesperrten Zeughausstraße aufwärts führt. An der Verzweigung in der Linkskurve verlässt der Rotstrich-Wanderweg die Zeughausstraße und leitet rechts hinauf zum Unteren Affensteinweg, der

rechts weiterführt. Wenig später zweigt der Königsweg links hinauf zum Fuß des 90 m hohen Bloßstock ab, einem der mächtigsten (Kletter-)Felsen der Sächsischen Schweiz. Da die hier beginnende Häntzschelstiege teilweise sehr ausgesetzt ist, sei sie nur als Alternative genannt, während der Rotstrich-Weg unterhalb der zerklüfteten Affensteinfelsen (Langes Horn) auf dem Königsweg in Richtung der imposanten Speichenhörner weiterleitet. Zwischendurch nimmt der Königsweg die aus dem Dietrichsgrund heraufführende Grünstrich-Route auf, und diese Markierung führt an der nächsten Abzweigung rechts hinauf zur Friensteinquelle am Oberen Affensteinweg und links hinüber zum Frienstein **02**; auf ausgesetztem

Steig ist von hier aus in einem kurzen Abstecher die Idagrotte zu erreichen.

Zurück an der Friensteinquelle geht es in südlicher Richtung hinauf zum Reitsteig und dort rechts zu einem Aussichtspunkt mit Blick über den Schmilkaer Kessel hinweg bis zum Hohen Schneeberg und den Zschirnsteinen, während im Vordergrund die Fluchtwandgipfel und die Neue Wenzelwand die Hauptakzente setzen. Der Reitsteig führt aussichtsreich weiter westwärts zur Zurückesteig-Verzweigung, an welcher der Carolafelsen ausgeschildert ist. In einem kurzen Abstecher ist dieser wunderbare Aussichtsfelsen zu erreichen.

Nach dem Abstecher zurück zum Zurückesteig. Er führt weiter westwärts zur Verzweigung oberhalb der Hilligen Stiege, dort erfolgt der Wechsel auf den Schrammsteinweg (Gelbstrich), zugleich Malerweg. Er schlängelt sich durch die eindrucksvolle Felsenwelt, schwingt am Zerborstenen Turm links, gewinnt wieder die Westrichtung und führt von den Aussichtsfelsen an der Domkanzel passagenweise auf Stufenanlagen hinab zur Abzweigung des Zeughauswegs vom Sandlochweg. Wer möchte macht hier einen kleinen aber lohnenswerten Abstecher zum kleinen Prebischtor 📷. Regulär geht es sonst hier rechts auf dem Zeughausweg (Grünpunkt), dann auf dem Unteren Affensteinweg zur bekannten Abzweigung des Königswegs unterhalb von Bloßstock, Kreuzturm und Morscher Zinne und an der nächsten Verzweigung links hinab zur Zeughausstraße im Dietrichsgrund. Die vom Hinweg vertraute Zeughausstraße führt zurück zum Ausgangspunkt am Beuthenfall **01** im Kirnitzschtal.

Durch diese hohle Gasse muss man wandern.

Dein Moment für die Ewigkeit

Kleine Umwege führen zum Ziel

Eigentlich bist du auf dem Weg zum Carolafelsen und den Affensteinen. Nimm dir trotzdem die Zeit und mach den Schlenker zum kleinen Prebischtor. Einen Katzensprung vom Großen Dom wartet hier ein einzigartiges Fotomotiv auf dich.

23 Kultiger Kuhstall

Die Waldlandschaft des Kirnitzschtals birgt Überraschungen, darunter eine monumentale Durchgangshöhle. So ein Naturwunder hatten wohl auch die ersten Besucher im 19. Jahrhundert unter dem Namen „Kuhstall" nicht erwartet...

Bilder von: **Max Reichenbach**
@ma.reichenbach

Lichtenhainer Wasserfall – Kuhstall

Tourencharakter
Pfade und Steige unterschiedlicher Beschaffenheit, teils mit Stufenanlagen.

Start und Ziel
Lichtenhainer Wasserfall (190 m), Endstation der Kirnitzschtalbahn von Bad Schandau durch das Kirnitzschtal an der Kirnitzschtalstraße 11 im Ortsteil Lichtenhain der Gemeinde Kirnitzschtal.

Schwierigkeit: **leicht** - mittel - schwer
Dauer: **1:30 h**
Länge: **4,6 km**
Aufstieg **150 hm**
Abstieg **150 hm**

Höhenlinienmodell mit Streckenverlauf

Höhenprofil

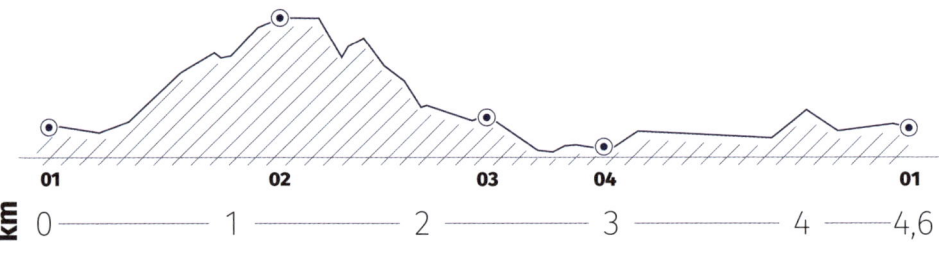

Wo einst gestohlenes Vieh wiederkäute, verweilen heute begeisterte Wanderer.

Raubritter hausten im 15. Jh. in der Burg Wildenstein. Ihre begehrteste Beute waren Rinder. Sie versteckten ihre Tiere in einer nahe gelegenen Höhle mit dem bezeichnenden Namen „Kuhstall".

www.oberelbe.de

Der Aufstieg vom Lichtenhainer Wasserfall zum Kuhstall, der bedeutendsten Durchgangshöhle der Sächsischen Schweiz, ist seit dem 19. Jahrhundert ein Wanderklassiker im Elbsandsteingebirge.

▶ Der Lichtenhainer Wasserfall **01** ist ein künstlicher Wasserfall im Kirnitzschtal. Gelegen an der Endstation der Kirnitzschtalbahn beim Gastof „Lichtenhainer Wasserfall" ist er ein wichtiger Ausgangspunkt für Wanderungen in das Affenstein- und Schrammsteingebiet. Bereits im Jahr 1830 wurde ein Staubecken angelegt, um Kurgäste durch das Schauspiel herabstürzender Wassermassen zu ergötzen. Für ein Trink-

geld wurde das Wehr aufgezogen, und für kurze Zeit rauschte der „Große Wasserfall" herab. 1994 wurde die Anlage erneuert. Damals bestand zudem die Möglichkeit, sich vom Lichtenhainer Wasserfall in Sesseln zur nahen Kuhstall-Höhle an der Felsenburg Neuer Wildenstein hinauftragen zu lassen. Auf eigenen Füßen bewältigt man diese Strecke in gut 20 Minuten – ein lohnenswertes Ziel mit Blick auf die zerklüftete Felsenwelt der Hinteren Sächsischen Schweiz. Am Lichtenhainer Wasserfall überquert der Rotpunkt-Wanderweg die Kirnitzsch und führt im Gleichlauf mit dem Malerweg und dem Flößersteig kurz flussaufwärts. Wenn sich der Flößersteig an der ersten Stufenanlage links verabschiedet, wechseln Rot-punkt-Wanderweg und Malerweg rechts hinauf in das Münzbachtal, überqueren den Bach auf einer Brücke und leiten an der gefassten Quelle Münzborn vorbei zum Kuhstall 🔴 **02**. Diese torartige Durch-gangshöhle im Neuen Wildenstein diente im Dreißigjährigen Krieg den umliegen-den Bewohnern samt Vieh als Zufluchts-stätte; darauf wird der Name Kuhstall für das 11 m hohe, 17 m breite und 24 m tiefe Felsentor zurückgeführt. Vom Kuhstall, der zu den bekanntesten in Malerei und Foto-grafie dargstellten Motiven der Sächsischen

Schweiz zählt, ist das weitläufige Gipfel-plateau des Neuen Wildensteins **03** auf der Himmelsleiter, einer Steiganlage mit 108 Stufen, zu erreichen. Hier befinden sich Reste der Burg Wildenstein, und es wartet eine fantastische Aussicht. Stärkung bietet das Gasthaus Am Kuhstall an. Vom Gast-haus führt der mit der Gelbstrich-Markie-rung bezeichnete „Wirtschaftsweg Kuhstall" nordwärts durch die Wälder zurück ins Kirnitzschtal. Dort kreuzt der Flößersteig und führt längs der Kirnitzsch **04** links zu-rück zum Ausgangspunkt am Lichtenhainer Wasserfall **01**.

Grau und grün sind die Grundfarben der Sächsischen Schweiz.

Dein Moment für die Ewigkeit

Bildkomposition

Egal wie gut deine Fotoausrüstung – auch wenn es nur deine Handykamera – ist, entscheidend ist der Bildaufbau. Die Einteilung deines Bildes, die Anordnung der Elemente, die Aufteilung in mehrere Ebenen und die Wahl und Platzierung von Motiven.

24 Furchtlos am Frienstein

Rund um die 130 Meter hohe Felsbastion des Friensteins verbreiteten einst Raubritter Angst und Schrecken – offenbar vermochte sie nicht einmal die herrliche Aussicht zu den Lorenzsteinen zu besänftigen. Wanderern bleibt der Gipfel bis heute verwehrt; das schmale Felsband zur Idegrotte ist schon schaurig genug.

Bilder von: **Sebastian Weingart**
@wunderwaldphoto

Lichtenhainer Wasserfall – Frienstein

Tourencharakter
Bergwanderung auf Wegen, Steigen und Pfaden mit guten Aussichtspunkten.

Start und Ziel
Endhaltestelle Lichtenhainer Wasserfall (190 m) der Kirnitzschtalbahn; Anfahrt auf der B 172 Dresden – Pirna – Königstein – Bad Schandau und abzweigen in das Kirnitzschtal.

Schwierigkeit: leicht - mittel - **schwer**

Dauer: **3:00 h**
Länge: **8,4 km**
Aufstieg **330 hm**
Abstieg **340 hm**

Höhenlinienmodell mit Streckenverlauf

Höhenprofil

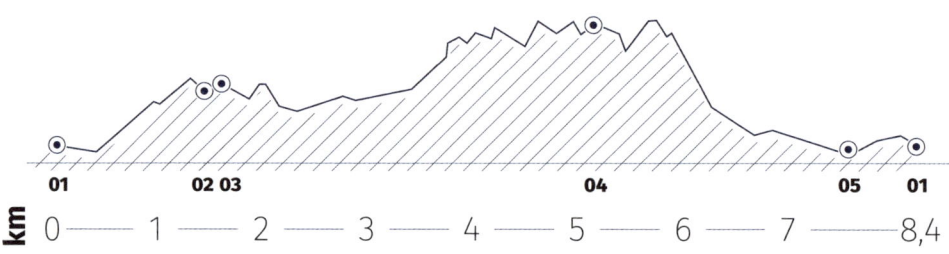

Hoch über dem Wasserfall regieren die Luftgeister.

Menschen kommen und gehen, Gipfel bleiben ewig bestehen.

Gipfelbucheintragung im Elbsandsteingebirge, entdeckt auf www.quackensturm.de

Vom Lichtenhainer Wasserfall führt diese Fels- und Felsenburgenwanderung zum Neuen Wildenstein und weiter zum Frienstein, einem herausragenden Burg- und Kletterfelsen (mit 180-Grad-Sockel-Aussicht) an den Affensteinen.

▶ Am Lichtenhainer Wasserfall **01** überqueren wir die Kirnitzsch und folgen dem Flößersteig/Fremdenweg kurz flussaufwärts, bis der mit „Rotpunkt" markierte Fremdenweg rechts hinauf in das Münzbachtal wechselt und am Münzborn vorbei zum Kuhstall **02** führt. Eine Stufenanlage führt weiter zum weitläugen Gipfelplateau des Neuen Wildensteins **03**.

An der Kreuzung mit der Zeughausstraße bietet eine Schutzhütte Unterschlupf, wenig später passieren wir den Eichenborn, eine gefasste Quelle, und erreichen eine Verzweigung. Rechts zweigt der Königsweg ab („Rotstrich"), der mit imposanten Aufblicken zu den Speichenhörnern durch den Hang führt und später einen Wechsel zum Frienstein ermöglicht.

Diesen Weg nehmen wir nicht, sondern folgen der Rotpunkt-Markierung in steilen Serpentinen weiter aufwärts zur nächsten Verzweigung. Hier zweigt links der Untere Fremdenweg ab („Rotpunkt"), während wir rechts auf die Obere Affensteinpromenade wechseln („Grünstrich"). Längs dieses Weges (Pfad/Steig) finden sich, teilweise über kurze Abstecher erreichbar, einige hervorragende Aussichtspunkte, z.B. der kleine Winterberg **◯**. An der Verzweigung an der Friensteinquelle verlassen wir die Obere Affensteinpromenade und steigen rechts hinauf zum Sockel des Friensteins **04**.

Zurück an der Friensteinquelle folgen wir der Grünstrich-Markierung hinab zum Königsweg (zusätzlich „Rotstrich"), wandern auf ihm links und wechseln an der nächsten Verzweigung mit der Grünstrich-Markierung rechts auf den Hinteren Heideweg.

Dieser führt hinab in den Dietrichsgrund, der beim Beuthenfall **05** in das Kirnitzschtal ausmündet. Dort befindet sich eine Haltestelle der Kirnitzschtalbahn. Hat man am Lichtenhainer Wasserfall **01** geparkt, folgt man der Kirnitzschtalstraße kurz aufwärts und wandert zum Ausgangspunkt zurück.

Unterwegs will manch steinernes Geheimnis gelüftet werden.

Dein Moment für die Ewigkeit

Lichtstimmung

Das flach einfallende Licht bringt die bewaldeten Hügel und den Horizont zum Leuchten und wirft lange Schatten. Als klarer Kontrast zu der warmen Farbstimmung tritt der dunkle Ton des durchgängigen Waldes hervor.

25 Magie seit 230 Jahren

Auf dem Fremdenweg sind schon die ersten Besucher der Hinteren Sächsischen Schweiz um 1790 ins Mühlen- und Fachwerkdorf Schmilka gewandert. Augenblicke wie diese werden auch sie begeistert haben.

Bilder von: **Sebastian Weingart**
@wunderwaldphoto

Lichtenhainer Wasserfall – Winterberg – Schmilka

Tourencharakter
Wald-, Wiesen- und Schluchtenwanderung auf Wegen, Pfaden und Steigen unterschiedlicher Beschaffenheit, teils mit Stufenanlagen.

Start
Lichtenhainer Wasserfall (190 m), Endstation der Kirnitzschtalbahn von Bad Schandau durch das Kirnitzschtal an der Kirnitzschtalstraße 11 im Ortsteil Lichtenhain der Gemeinde Kirnitzschtal.

Ziel
S-Bahnhof Schmilka-Hirschmühle (130 m).

01 Lichtenhainer Wasserfall

02 Kuhstall

03 Großer Winterberg

04 Schmilka

Schwierigkeit: leicht - **mittel** - schwer
Dauer: **3:15 h**
Länge: **10,3 km**
Aufstieg **370 hm**
Abstieg **370 hm**

Höhenlinienmodell mit Streckenverlauf

Höhenprofil

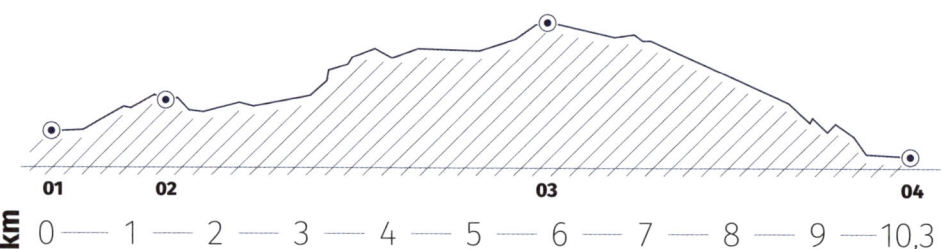

01   02   03   04

km 0 — 1 — 2 — 3 — 4 — 5 — 6 — 7 — 8 — 9 —10,3

So mancher Berg gleicht einer Burg.

Der Sinn des Reisens ist es, an ein Ziel zu kommen,
der Sinn des Wanderns ist es, unterwegs zu sein.

Theodor Heuss, deutscher Publizist und erster Bundespräsident der BRD (1884 – 1963)

Der Fremdenweg vom Kirnitzsch- ins Elbtal ist die hoch attraktive Alternative zur Durchquerung der Hinteren Sächsischen Schweiz. Vom Lichtenhainer Wasserfall im Kirnitzschtal führt die mit dem Rotpunkt markierte Route zur Kuhstall-Höhle und auf den Großen Winterberg, die höchste Erhebung der Sächsischen Schweiz rechts der Elbe, ehe er sich nach Schmilka im Elbtal hinabsenkt. Die Anfahrt zum Lichtenhainer Wasserfall erfolgt ab Bad Schandau mit der Kirnitzschtalbahn, die Rückfahrt ab Schmilka mit der S-Bahn.

▶ Am Lichtenhainer Wasserfall **01** überquert der Rotpunkt-Wanderweg die Kir-nitzsch und führt im Gleichlauf mit dem Malerweg und dem Flößersteig kurz flussaufwärts. Wenn sich der Flößersteig an der ersten Stufenanlage links verabschiedet, wechseln Rotpunkt-Wanderweg und Malerweg rechts hinauf in das Münzbachtal, überqueren den Bach auf einer Brücke und leiten an der gefassten Quelle Münzborn vorbei zum Kuhstall **02**. Diese torartige Durchgangshöhle im Neuen Wildenstein diente im Dreißigjährigen Krieg den umliegenden Bewohnern samt Vieh als Zufluchtsstätte; darauf wird der Name Kuhstall für das 11 m hohe, 17 m breite und 24 m tiefe Felsentor zurückgeführt. Vom

Eine kleine Mutprobe auf dem zweithöchsten Berg der Sächsischen Schweiz.

Dein Moment für die Ewigkeit

Der Sonnenstern

Der Sonnenstern wird durch eine geschlossene Blende erzeugt. Deshalb heißt er auch Blendenstern. Auf dem Bild wirkt er stärker über den dunklen Bergen. Such dir solche Kanten, an denen die Lichtstrahlen wirken können. Je weiter du die Blende schließt, desto klarer bildet sich dein Blendenstern aus.

So mancher Berg gleicht einer Burg.

Kuhstall, der zu den bekanntesten in Malerei und Fotografie dargstellten Motiven der Sächsischen Schweiz zählt, ist das weitläufige Gipfelplateau des Neuen Wildensteins auf der Himmelsleiter, einer Steiganlage mit 108 Stufen, zu erreichen. Hier befinden sich Reste der Burg Wildenstein und es wartet eine fantastische Aussicht. Stärkung bietet das Gasthaus Zum Kuhstall an. Der Rotpunkt-Wanderweg verlässt das Kuhstall-Gebiet auf einer längeren Stufenanlage und führt im Wald hinauf Richtung Winterberg zum Rastplatz Wettinplatz an der Kreuzung mit der Zeughausstraße und hier geradeaus aufwärts bis zur Kernzonengrenze des Nationalparks. Wenig später beginnt eine lange Stufenanlage, in der sich am Doppeltürmchen der Ausstieg des Unteren Fremdenwegs befindet. Die

Rotpunkt-Markierung folgt dem Unteren Fremdenweg an mehreren ausgeschilderten Aussichtspunkten vorbei über den Kleinen Winterberg  und mündet zwischen Kleinem und Großem Winterberg in den Reitsteig. Hier vereinigt sich der Fremdenweg vorübergehend mit der Blaustrich-Markierung des Europäischen Fernwanderwegs 3, und in gemeinsamer Routenführung geht es hinauf auf den Großen Winterberg **03**. Vom Großen Winterberg folgt die Rotpunkt-Markierung der Winterbergstraße abwärts zum Kipphorn (kurzer Abstecher), das noch einmal eine einmalige Aussicht gewährt. Nach einigen Serpentinen der Winterbergstraße zweigt der Rotpunkt-Weg links in den Erlsgrund ab und führt hinab in das Dorf Schmilka. Dort geht es mit der Fähre über die Elbe zum S-Bahnhof Schmilka-Hirschmühle **04**.

26 Hält er oder hält er nicht?

Der 10 Meter hohe Hickelkopf ruht bloß auf drei kleinen Steinsockeln; seine überhängende Form verdankt er der äolischen Verwitterung durch Windschliff. Wer ihn erklimmen möchte, muss den V. Schwierigkeitsgrad der sächsischen Kletterskala beherrschen.

Bilder von: **Eric Friese @ericfriese**

Neumannmühle – Zeughaus – Thorwalder Wände

Tourencharakter
Schlucht- und Felswanderung auf Wegen, Steigen und Pfaden, unter denen der Reitsteig wegen seiner vielen steilen Auf- und Abstiege, teils getreppt, teils gestuft, als technisch anspruchsvoll gilt.

Start und Ziel
Neumannmühle (220 m), Gasthof und Bushaltestelle an der Kirnitzschtalstraße 5 unterhalb von Ottendorf, Ortsteil der Stadt Sebnitz. Anfahrt auf der B 172 Dresden – Pirna – Königstein – Bad Schandau und abzweigen in das Kirnitzschtal.

Schwierigkeit: leicht - **mittel** - schwer
Dauer: **3:00 h**
Länge: **11,8 km**
Aufstieg **140 hm**
Abstieg **140 hm**

Höhenlinienmodell mit Streckenverlauf

Höhenprofil

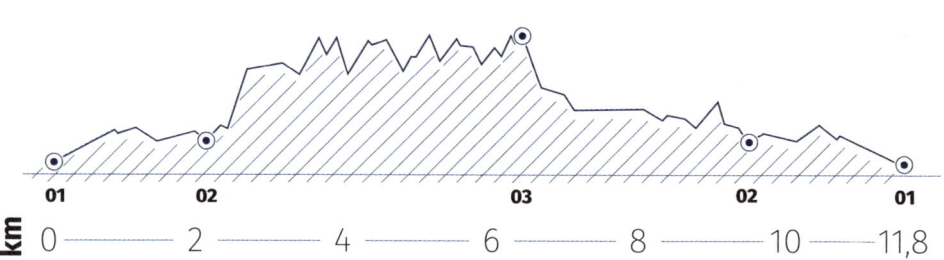

Auch bei feuchtem Wetter ein Erlebnis!

Man glaubt, die Welt ist voll Ruhe und Herrlichkeit.
Der Blick wird beschränkt, nur das Nächste dringt in das
Auge, und ist doch wieder eine unfassbare Menge der
Dinge.

Adalbert Stifter (1805 – 1868)

Durch den Großen Zschand, das längste Trockental der Sächsischen Schweiz, und auf dem Großen Reitsteig, einem der urtümlichsten und anspruchsvollsten Steige, geht es durch die romantisch bizarren Thorwalder Wände.

▶ Vom Gasthof Neumannmühle **01** im Kirnitzschtal leitet die Gelbstrich-Markierung in den Canyon Großer Zschand hinein, rechts und links steigen Felswände und -türme auf. Das längste Trockental der Sächsischen Schweiz führt 6 km weit bis zur Roßmaulwiese in der Böhmischen Schweiz. Der Große Zschand hat keine durchgehende Wasserführung; zur Zeit der Schneeschmelze oder nach starken Regenfällen bilden sich einzelne Wasserläufe bzw. kleine versumpfte Flächen. Schon vor der touristischen Erschließung der Sächsischen Schweiz wurde der Große Zschand als Handelsverbindung zwischen Böhmen und Sachsen genutzt. Am Zeughaus befand sich eine Zollstation.

Die Gelbstrich-Markierung folgt dem fahrradfähigen Weg hinauf zur Einkehrmöglichkeit Zeughaus **02**. Vom Zeughaus geht

Please don't touch!

es noch ein Stück weit aufwärts im Großen Zschand, bis der Grünstrich-Wanderweg links auf den Großen Hochhübelweg abzweigt und in den Hang des Hochhübels führt. Schon bald verlässt die Grünstrich-Route den bequemen Weg und wechselt rechts auf den Reitsteig, einem der urigsten und beeindruckendsten Steige der Sächsischen Schweiz. Im Wechsel von Wald und Aussichtsstellen, bequemen Abschnitten und Steigpassagen mit steilen Auf- und Abstiegen schlängelt er sich in zahlreichen Windungen durch die Felsenwelt im Westen der Thorwalder Wände, eines stark

erodierten Sandsteinmassivs. Eine weitere Besonderheit, die man hier passiert, ist der Hickelkopf 🄾. Am Ende des Reitsteigs wartet mit der Hickelhöhle **03** die nach dem Kuhstall zweitgrößte Höhle der Sächsischen Schweiz.

An der Hickelhöhle mündet der Grünstrich- auf den Rotstrich-Wanderweg, letzterer folgt einem schmalen Weg durch die Hickelschlüchte hinab in den Großen Zschand. Durch dieses Trockental geht es hinab zum Zeughaus **02** und zum Ausgangspunkt an der Neumannmühle **01**.

Dein Moment für die Ewigkeit

Bring dich in Position...

...und dein Model. Der Hickelkopf sieht schon nach einem meisterhaften Balanceakt aus. Positionierst du dein Model nun genau in der befürchteten Fallrichtung sitzend, steigt die Spannung im Bild.

27 Wasser marsch!

Seit dem 16. Jahrhundert nutzte man die Kirnitzsch für die Holztrift. Dazu baute man mehrere Stauanlagen wie die „Obere Schleuse", von denen immer wieder Schwälle losgelassen wurden – die schwemmten das Holz zur Elbe.

Bilder von: **Sebastian Weingart**
@wunderwaldphoto

Hinterhermsdorf – Obere Schleuse

Tourencharakter
Überwiegend Schluchtenwanderung mit mehreren Steiganlagen.

Start und Ziel
Parkplatz Buchenparkhalle südlich von Sebnitz-Hinterhermsdorf. Anfahrt auf der B 172 Dresden – Pirna – Königstein – Bad Schandau und abzweigen in das Kirnitzschtal Richtung Hinterhermsdorf.

Schwierigkeit: leicht - **mittel** - schwer
Dauer: **4:00 h**
Länge: **13,3 km**
Aufstieg **200 hm**
Abstieg **200 hm**

01 Buchenparkhalle

03 Bootsanleger

02 Königsplatz

04 Stimmers-
dorfer Brücke

Höhenlinienmodell mit Streckenverlauf

Höhenprofil

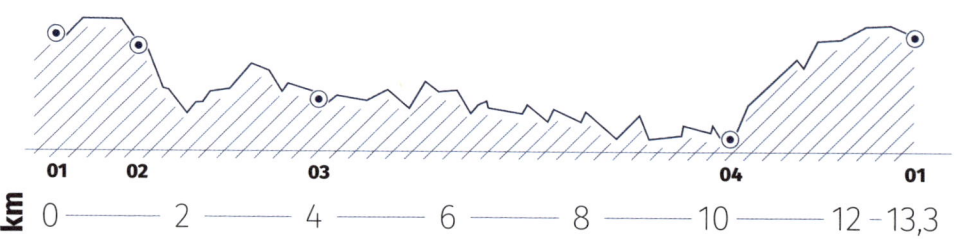

01   02   03   04   01

km 0 —— 2 —— 4 —— 6 —— 8 —— 10 —— 12 - 13,3

190

Wasser bricht den stärksten Stein.

Schleusen-Tiefblick in die Schlucht.

Von Hinterhermsdorf führt diese Schluchtenwanderung zur Oberen Schleuse, wo sich die Wanderung saisonal durch eine Kahnfahrt auf der Kirnitzsch verkürzen lässt.

▶ Vom Parkplatz Buchenparkhalle **01** südlich von Hinterhermsdorf leitet die Markierung „Blaustrich" auf einem schnurgeraden Forstweg, dem Hohweg, in Richtung der „Bootsanlegestelle Obere Schleuse". Man kann dieser vor allem in den Sommermonaten rege frequentierten Standardroute di-

rekt zum Bootsanleger folgen, an Tagen mit klarer Sicht ist jedoch an der bald erreichten Verzweigung die länger dauernde Variante über den aussichtsreichen Königsplatz zu empfehlen.

Von der Verzweigung führt die Markierung „Rotstrich" hinauf zum Königsplatz **02**, einem Sandsteinsporn, der das beste Panorama im Hermsdorfer Gebiet ermöglicht. Markant tritt im Südwesten jenseits des Kirnitzschtals der Raumberg hervor, dahinter zeigen sich die Thorwalder Wände und die Rundungen von Großem und Kleinem Winterberg. Benannt ist der Aussichtspunkt nach König Friedrich August II. von Sachsen, für den dieser Platz in den 1830er Jahren wandertouristisch zugänglich gemacht wurde.

Vom Königsplatz leitet die Rotstrich-Markierung steil abwärts durch eine großartige Felslandschaft (teils mit Treppen und Stufen), durch eine Tunnel genannte Höhle und an den Schweinslöchern vorbei, ehe er auf einen Forstweg mündet und ihm links Richtung Wettinplatz folgt, den breiten Forstweg zuletzt durch die Schnepfenschlüchte abkürzend. Vom Wettinplatz, einer Wegkreuzung mit Schutzhütte und Denkmal für die Dynastie der Wettiner, leitet die Markierung „Grünstrich" weiter zur Wegkreuzung am Hohberg, wo wir wieder auf die Blaustrich-Route treffen und ihr rechts hinab zum Bootsanleger **03** **⊙** an der Oberen Schleuse im Kirnitzschtal folgen.

Von der Oberen Schleuse geht es zum aussichtsreichen Hermannseck hinauf, wo uns der „Blaustrich" weiter zur Wolfsschlucht leitet und dann immer dem Lauf der Kirnitzsch folgt, deren Tal sich nach und nach in einen Grund mit lieblichen Wiesen verwandelt. (Abstecher zum Luchsstein). An der Verzweigung, nach Passieren der Stimmersdorfer Brücke **04**, verlassen wir mit der Rotstrich-Markierung das Kirnitzschtal durch das Lindigtgründel und steigen in Richtung der aussichtsreichen Brüdersteine (Abstecher) auf. Wo sich die zwischenzeitlich eingemündete Markierung. „Grünpunkt" und der „Rotstrich" trennen, folgen wir dem „Grünpunkt" zurück zu unserem Ausgangsort **01**.

Märchenhafter Farn

Dein Moment für die Ewigkeit

Schlechtes Wetter – Strich durch die Rechnung?

Du hattest ein anderes Bild im Kopf, aber dann stört der Regen die Oberfläche? Sei flexibel, was einen Plan zunichte macht, ermöglicht dir oft einen Moment auf besondere Art einzufangen. Um Regentropfen scharf abgetrennt „einzufrieren" solltest du eine Belichtungszeit von 1/250 nicht überschreiten, willst du „verschwommenere" Regenverläufe, kannst du die Belichtungszeit länger ansetzen.

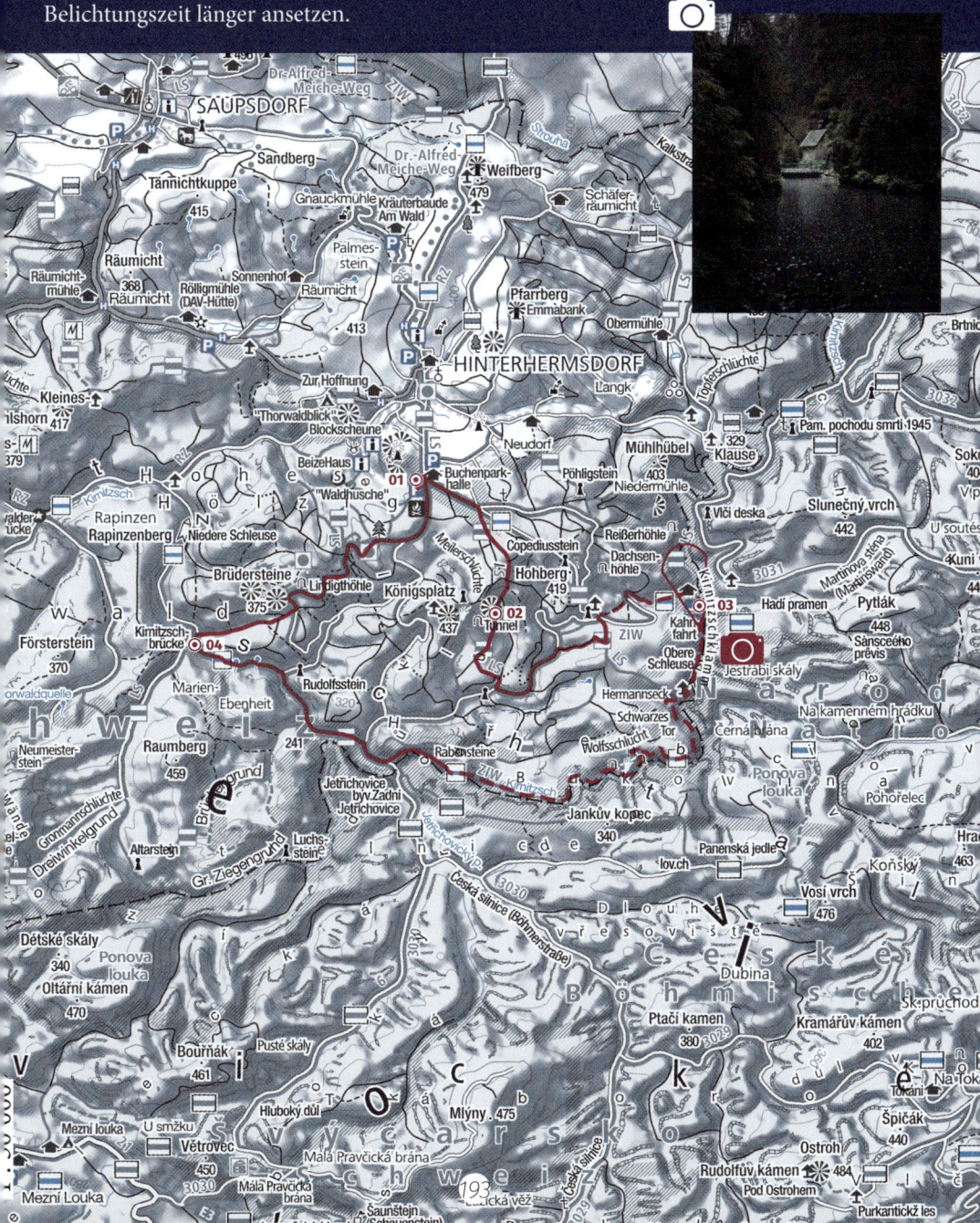

28 Die Klippe der Königin

Der kecke Falkenstein und hinter dem Dunst
der Lilienstein: Was für ein Ausblick vom Carolafelsen! Benannt wurde dieser Panorama-
punkt – der höchste der Affensteine – stil-
voll nach Carola von Wasa-Holstein-Gottorp,
Sachsens letzter Königin.

Bilder von: **Max Reichenbach**
@ma.reichenbach

Schmilka – Kleine Bastei – Carolafelsen

Tourencharakter
Bergwanderung auf Wegen, Pfaden und Steigen unterschiedlicher Beschaffenheit, teils mit Stufenanlagen.

Start und Ziel
Schmilka-Hirschmühle (130 m), S-Bahn-Haltepunkt ohne Straßenanbindung auf der linken Seite der Elbe; eine Personenfähre verbindet den S-Bahn-Haltepunkt mit dem Parkplatz an der rechtselbischen Bundesstraße 172 in Schmilka, Ortsteil der Stadt Bad Schandau.

Schwierigkeit: leicht – **mittel** – schwer
Dauer: **3:30 h**
Länge: **9,4 km**
Aufstieg **330 hm**
Abstieg **330 hm**

Höhenlinienmodell mit Streckenverlauf

Höhenprofil

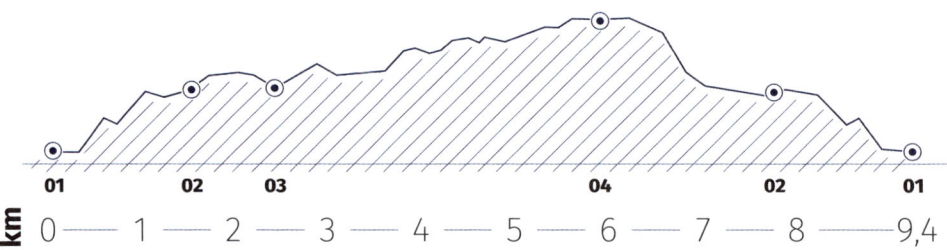

Zauber der Bergwelt in der Dämmerung.

Nach Sachsens letzter Königin Carola von Wasa-Holstein-Gottorp benannt – der Carolafelsen

Durch das wild zerklüftete Felsgebiet oberhalb von Schmilka geht es hinauf zum Carolafelsen, einem der schönsten Aussichtspunkte der Sächsischen Schweiz.

▶ Von der S-Bahn-Haltestelle Schmilka-Hirschmühle **01** setzt die Elbfähre nach Schmilka über, wo die Gelbstrich-Markierung zunächst auf dem Mühlweg und in dessen Verlängerung auf dem „Wurzelweg" talaufwärts führt. Wo am oberen Ortsende an der Ilmenquelle, einer Spaltquelle, die anderen Markierungen rechts abzweigen, bleibt der Gelbstrich dem steiler werdenden Wurzelweg treu, allmählich zwischen imposanten Felskulissen. An der ersten ausgeschilderten Verzweigung – kurz vor der Raststelle Zwieselhütte – führt der Abkürzer Roßsteigel **02** links hinüber zum

Elbleitenweg (Grünpunkt), an dem wenig später der aussichtsreiche Abstecher (Grünstrich) zur Kleinen Bastei **03** ausgeschildert ist; die Kleine Bastei gewährt eine exzellente Aussicht über das Elbtal; von der Kleinen Bastei kann man dem Grünstrich zurück ins Elbtal folgen (Bushaltestelle).

Von der Kleinen Bastei zurück zum Elbleitenweg. Er führt am Rauschenstein vorbei zur Breite-Kluft-Verzweigung, wo eine Stufenanlage zum Schrammsteinweg weiterleitet. Der mit der Blaustrich-Markierung bezeichnete Schrammsteinweg führt mit exzellentem Panorama rechts weiter und setzt sich unter den Namen Lehne und Zurückesteig jeweils geradeaus fort, nimmt an der Abzweigung der Oberen Affensteinpromenade den Namen Reitsteig und dann

Zurückesteig an, und an diesem ist an der nächsten Verzweigung links der Aussichtspunkt Carolafelsen **04** 📷 ausgeschildert. Er ist mit 458 m die höchste Erhebung der Affensteine und einer der schönsten Aussichtspunkte der Sächsischen Schweiz. Superb ist der Tiefblick in den Großen Dom, aus dem sich der Doppelgipfel Domwächter/Rohnspitze erhebt, während im Mittelgrund die Schrammsteinkette, der Falkenstein und im Norden die Hohe Liebe das Bild beherrschen, weiter elbabwärts zeigen

sich der Lilienstein und die Basteiwände. Nach dem Abstecher zum Carolafelsen geht es zurück zur Verzweigung und rechts zur Abzweigung der Oberen Affensteinpromenade. Hier zweigt talwärts die mit der Gelbstrich-Markierung ausgeschilderte Heilige Stiege ab, einer seit dem Mittelalter bekannten Steiganlage mit Leitern, Stufen und immer wieder hervorragender Aussicht. Sie führt hinab in den Heringsgrund und auf der bekannten Route zurück zum Ausgangspunkt in Schmilka-Hirschmühle **01**.

„Auf Reibung gehen" im Angesicht des Fakensteins.

Dein Moment für die Ewigkeit

Teleobjektiv

Ein Teleobjektiv wirkt ähnlich wie ein Fernglas und holt Objekte näher heran, gleichzeitig verringert es den Bildwinkel. Auch wenn man ein fernes Motiv in den Fokus rückt, sollte man den Vordergrund nicht vernachlässigen. Max hat hier Falkenstein und Lilienstein perfekt auf Linie gebracht.

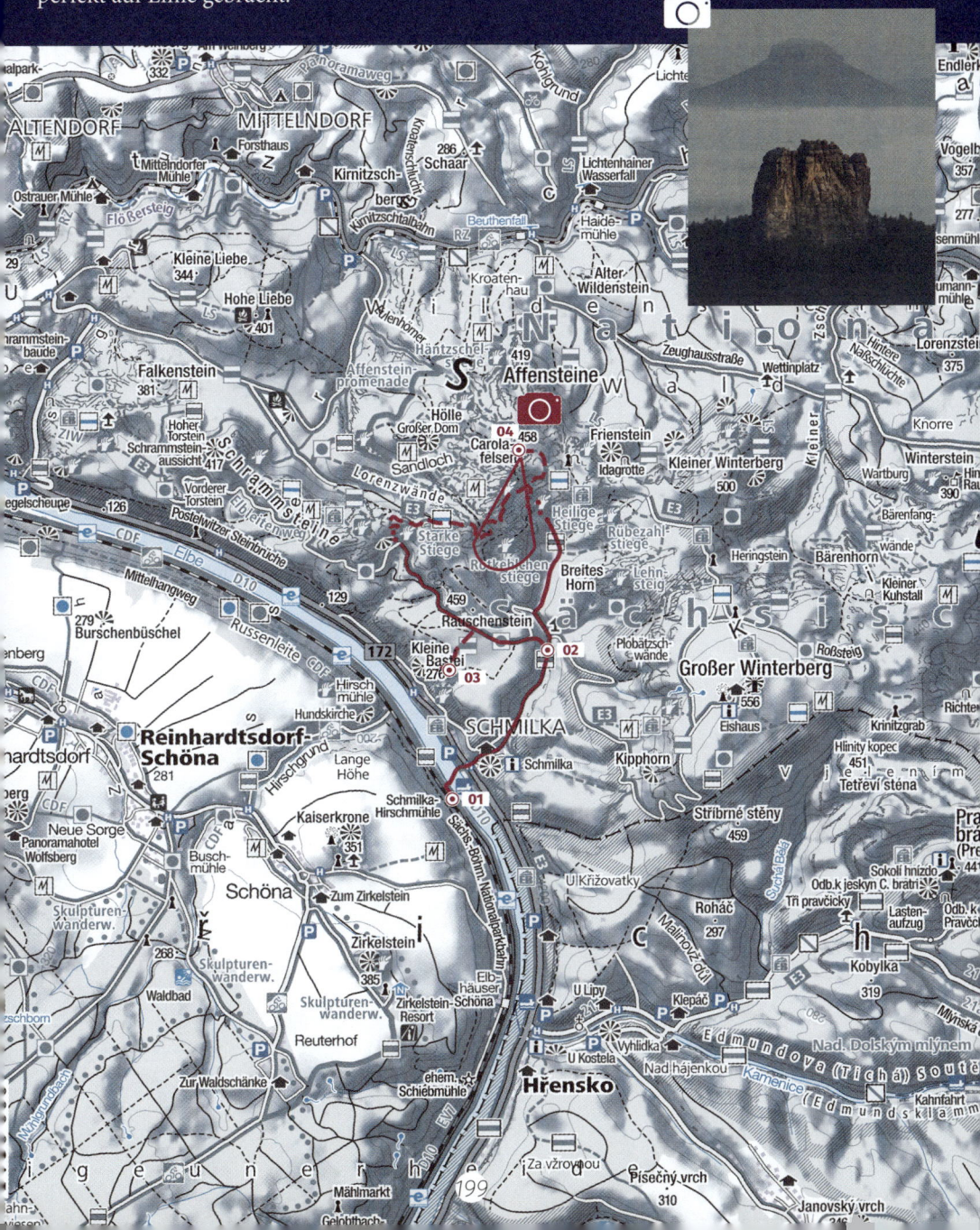

29 Pionier mit blauem Blut

Adelige konnten sich stets teure Hobbys leisten – sogar den Bau von Schluchtwegen. Durch eine solche Anlage verwandelte Fürst Edmund von Clary-Aldringen 1890 die „Stille Klamm" in die „Edmundsklamm", den berühmtesten Canyon der Böhmischen Schweiz.

Bilder von: Eric Friese @ericfriese

Hřensko – Mezní Můstek – Janov

Tourencharakter
Festes Schuhwerk und Trittsicherheit, im Kellerklima der Schlucht ist zudem wärmende Kleidung und Spritzwasserschutz angesagt.

Start und Ziel
Elbfähre Schöna – Hřensko, Anleger Hřensko (131 m), hier und im Umfeld befinden sich auch Parkplätze.

Schwierigkeit: leicht - **mittel** - schwer
Dauer: **3:00 h**
Länge: **11,7 km**
Aufstieg **420 hm**
Abstieg **420 hm**

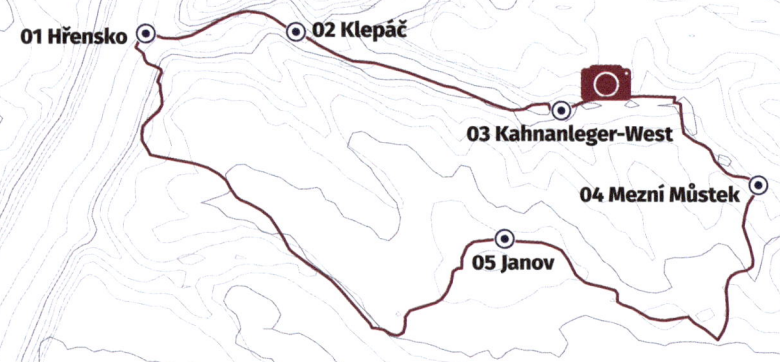

Höhenlinienmodell mit Streckenverlauf

Höhenprofil

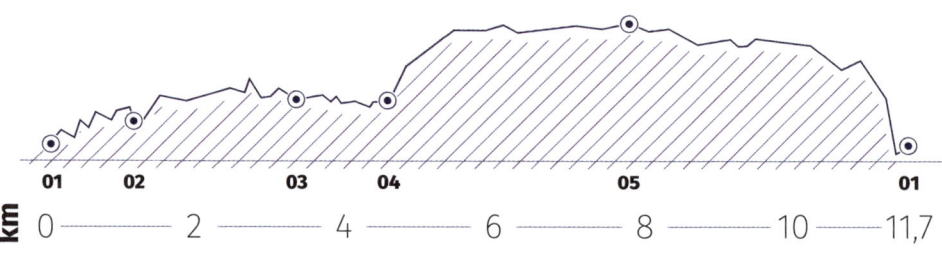

Märchenhafte Bauten verbergen sich in der Böhmischen Schweiz.

Hohe Sandsteinwände machen die Edmundsklamm aus, genauso wie die kalte Luft am Boden der Klamm.

www.ceskesvycarsko.cz

Vom Grenzdorf Hřensko im Elbtal führt die Runde durch die wildromantische Edmundsklamm, dort geht es von der Stimmersdorfer Brücke in den Höhenort Janov hinauf. Der 33 m hohe Stahlgitterturm auf dem Janovsky vrch bietet nach Erklimmen von 162 Wendeltreppenstufen Rundblick zum Prebischtor, zum Děčínský Sněžník, bis zur Festung Königstein sowie ins Lausitzer Gebirge.

▶ Vom Anleger Hřensko 01 der Elbfähre folgt die Rotstrich-Markierung des Europäischen Fernwanderweges 3 der Straße kurz aufwärts im Elbtal, zweigt vor der Brücke an der Mündung der Kamnitz (Kamenice) links hinauf ins Kamnitztal ab und führt zwischen Restaurants, Geschäften und fliegenden Händlern an der Kirche vorbei zum Abzweig Klepáč 02 an der Mündung der Langen Biele (Dlouhá Bélá) in die Kamnitz; auch hier befinden sich Parkplätze. Der mit dem Zeichen Gelbstrich markierte Wanderweg überquert die Kamnitz auf einer Brücke und folgt dem Südufer in die Edmundsklamm, benannt nach Fürst Edmund Clary-Aldringen. Er ließ den Weg durch die Klammen 1889 von italienischen Gastarbeitern unter Anton Dagostini für 17.000 Gulden ausbauen, bereits 1890 begann der Bootsverkehr in der Edmundsklamm, auch Stille Klamm genannt (Edmundova Soutěska oder Tichá Soutěska).

Der Wanderweg wechselt auf einer Brücke ans Nordufer und endet am Kahnanleger-West **03** 🔘, im Kahn fahren die Wanderer an einem Wasserfall vorbei. Nach dem Ausbooten folgt der Wanderpfad dem Südufer, die Kamnitz schwingt in die Südrichtung, am Weg befindet sich ein Imbiss, dann ist die autofreie Stimmersdorfer Brücke Mezní Můstek **04** erreicht.

Hier zweigt der Grünstrich-Wanderweg in das Seitental südwärts ab, und wenn er aus dem Wald in Wiesenland tritt, führt die Gelbstrich-Markierung rechts hinauf und über einen Golfplatz zum Aussichtsturm des Höhendorfs Janov **05** auf dem Janovský vrch (Clars Berg). Vom Berg senkt sich der Gelbstrich-Wanderweg ins Fachwerkdorf, führt am flügellosen Torso einer zu Wohnzwecken umgebauten Holländerwindmühle (1844) vorbei und taucht dann wieder in den Wald ein. Anfangs folgt er einem bequemen Forstweg, zuletzt geht es steil und in Serpentinen hinab ins Grenzdorf Hřensko, wo nach Überqueren der Kamnitz der Ausgangspunkt am Anleger Hřensko **01** der Elbfähre wieder erreicht ist.

Ein Schiff wird kommen...

Dein Moment für die Ewigkeit

Spiegelungen – die natürliche Illusion

Für eine schöne Spiegelung braucht man ein ruhiges Gewässer, einen möglichst tiefen Standpunkt und Distanz zu dem was gespiegelt werden soll. Spiegelungen sind ein beliebtes Stilmittel, versuche noch ein Highlight in das Bild zu platzieren, wie hier die kleine Hütte mit dem aufsteigenden Rauch.

30 Durchblick im Bergland

26,5 Meter lang, 8 Meter breit und bis zu 16 Meter hoch. Einst war die gewaltigste Sandsteinfelsbrücke Europas einfach das „große Thor". Nach einem sagenhaften Einsiedler benannte man es erst nach seiner „touristischen Entdeckung" um das Jahr 1800.

Bilder von: Eric Friese @ericfriese

Hřensko – Pravčická brána – Mezná

Tourencharakter
Kondition erfordernde Tour überwiegend auf felsigen (Wald-)Pfaden, die Tritt-sicherheit und festes Schuhwerk verlangen.

Start und Ziel
Klepáč (166 m), Wegeverzweigung am oberen Ortsrand von Hřensko an der Straße 25861; Parkplätze befinden sich in unmittelbarer Nähe.

Schwierigkeit: leicht - mittel - **schwer**
Dauer: **4:30 h**
Länge: **14,8 km**
Aufstieg **890 hm**
Abstieg **890 hm**

04 Pravčický důl

03 Pravčická brána

02 Tři prameny

01 Hrensko/ Klepáč

05 Mezní louka

06 Mezná

Höhenlinienmodell mit Streckenverlauf

Höhenprofil

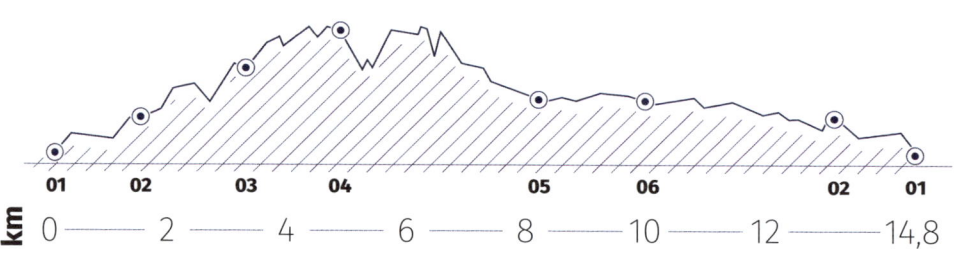

Am Ziele deiner Wünsche wirst du jedenfalls eines vermissen: dein Wandern zum Ziel.

Marie von Ebner-Eschenbach (1830 – 1916)

Romantik auch in der Architektur.

Das Prebischtor zählt als größte Felsbrücke zu den herausragenden Wanderzielen der Böhmischen Schweiz. Die faszinierende Rundwanderung erschließt die Felslandschaften rund um das Felstor.

▶ Die Wegeverzweigung Klepáč **01** befindet sich am oberen Ortsrand des Grenzdorfs Hřensko (Herrnskretschen) an der Mündung der Langen Biele (Dlouhá Bélá)

in die aus der Edmundsklamm herausschäumenden Kamnitz (Kamenice). Der Europäische Fernwanderweg E3 (Rotstrich) folgt der Straße 25861 im Tal der Langen Biele an Parkplätzen und Restaurants vorbei aufwärts und wechselt an der Gabelung (Drei Quellen) Tři prameny **02** links auf den (Gabrielensteig) Gabrielina cesta, der an bizarr verwitterten Sandsteinfelsen sowie an Abzweigungen in romantische Felslabyrinthe vorbei zum (Prebischtor) Pravčická brána hinaufführt; das Felstor und das Gasthaus sind nicht Teil des E3, sondern in einem Abstecher erreichbar. Sind nicht zu viele Besucher zugegen, kann man am Prebischtor und im Gasthaus staunend und schauend viel Zeit verbringen.

Vom Felstor zurück zum E3: Er folgt der Gabrielina cesta ostwärts durch die wilde Felsenwelt zum auf Stufen erreichbaren Aussichtspunkt über dem (Prebischgrund) Pravčický důl ; der imposante Tiefblick ist ebenso beeindruckend wie der Blick aufs Prebischtor . Durch abwechslungsreiche Felsszenerien schlängelt sich der E3 zur Bushaltestelle Mezní louka (Reinwiese) beim gleichnamigen Restaurant. Hier verlassen wir den Europäischen Fernwanderweg und folgen der Naturlehrpfad-Markierung grüner Diagonalstrich am Parkplatz vorbei aufwärts zum Hotel Hubert und in das Höhendorf Mezná (Stimmersdorf). In der Ortsmitte wechselt die Gelbstrich-Markierung rechts in die Straße Mlýnská cesta (Mühlweg) und führt am Parkplatz zum Wald, wo der fahrradfähige Abstieg zum Ausgangspunkt in Hřensko  beginnt.

Ausklang der Prebischtor-Tour.

Dein Moment für die Ewigkeit

Keiner da?

Das Prebischtor ist neben der Bastei eines der beliebtesten Wanderziele in der Gegend. Dementsprechend oft wird es auch fotografiert. Damit dein Bild sich von der Masse abhebt und du die Menschenmengen auch ausblendest versuche eine Perspektive zu finden, in der du den Spot menschenleer erscheinen lässt.

Weiter wandern

Auf den Geschmack gekommen? Die Sächsische Schweiz bietet ein wahres Füllhorn attraktiver Spaziergänge, Wanderungen und Bergtouren. Hier findest du nützliche Infos.

KOMPASS-Wanderkarten

Wanderkarte 761
**Elbsandsteingebirge,
Nationalpark Sächsische Schweiz,
Nationalpark Böhmische Schweiz**
1:25.000

Wanderkarte 810
Sächsische Schweiz
1:50.000

KOMPASS-Wanderführer 5262
**Sächsische Schweiz, Böhmische Schweiz,
Elbsandsteingebirge**
60 Touren von Bernhard Pollmann

Viele weitere Titel auf www.kompass.de

Weiterführende Informationen

**Tourismusverband
Sächsische Schweiz e. V.**
Bahnhofstraße 21
01796 Pirna
Tel. +49 3501 470147
E-Mail: info@saechsische-schweiz.de
www.saechsische-schweiz.de

Nationalpark Sächsische Schweiz
An der Elbe 4
01814 Bad Schandau
Tel. +49 35022 900600
E-Mail: poststelle.sbs-nationalparkverwal-
tung@smul.sachsen.de
www.nationalpark-saechsische-schweiz.de

Nationalpark Böhmische Schweiz
www.npcs.cz/de

Tourismus Marketing Gesellschaft Sachsen mbH
Bautzner Straße 45/47
01099 Dresden
Tel. +49 351 491700
E-Mail: info@sachsen-tour.de
www.sachsen-tourismus.de

Freistaat Sachsen
Archivstraße 1
01097 Dresden
Tel. +49 351 564-0
www.sachsen.de

Tschechische Zentrale für Tourismus
Wilhelmstraße 44
10117 Berlin
Tel. + 49 30 2044770
E-Mail: berlin@czechtourism.com
www.visitczechrepublic.com/de

Schifffahrt auf der Elbe
www.saechsische-dampfschiffahrt.de

Wetterbericht
www.dwd.de/DE/wetter/vorhersage_
aktuell/sachsen
www.mdr.de/sachsen/wetter

Wander-Infos

Deutscher Wanderverband
Kleine Rosenstraße 1–3
34117 Kassel
Tel. +49 0561 93873-0
E-Mail: info@wanderverband.de
www.wanderverband.de

Deine Orientierung

Für das Navigationsgerät deiner Wahl haben wir alle Touren als GPX-Track zum Download.

Du planst und navigierst lieber digital? Dafür haben wir alle Touren auf unserer Webseite für dich.

www.kompass.de/gpx

Damit kommst du direkt zum Download-Bereich. Einfach das richtige Produkt auswählen, herunterladen und auf das Zielgerät oder in die gewünschte App importieren.

GPX-Track

GPX ist ein Datenformat für Geodaten. Mit einem GPX-Track bekommst du die rote Linie, also den Pfad, als geografische Koordinaten.

N 47° 24' 50.0076"
E 10° 20' 48.0336"

N 47° 23' 35.9988"
E 10° 22' 50.9988"

Impressum

© KOMPASS-Karten GmbH, Karl-Kapferer-Straße 5, A-6020 Innsbruck

1. Auflage 2021 (21.01)   Verlagsnummer 1680

ISBN 978-3-99044-988-2

Konzept und Bildnachweis

Konzept & Gestaltung:
Thomas Kargl (KOMPASS-Karten)
Projektleitung:
Miriam Weber (KOMPASS-Karten)
Text und Fotos (soweit nicht anders angegeben):
KOMPASS-Karten
Titelbild: Bärenstein von Eric Friese
Grafische Herstellung: KOMPASS-Karten
Bildnachweis aufgelistet mit der Seitenzahl nach Fotografen:
Sebastian Weingart: 2/3, 18, 25, 43, 45, 46, 48/49, 51, 52, 55, 57, 58, 61, 63, 64, 73, 75, 76, 78, 81, 85, 87, 88, 91, 93, 94, 114/115, 117, 118, 126, 129, 130, 138, 141, 142, 144/145, 147, 148, 168/169, 171, 172, 175, 177, 178, 180/181, 188, 191, 192, 212, 212, 215, Rückseite Cover;
Eric Friese: 19, 29, 31, 32, 103, 105, 106, 133, 135, 136, 183, 185, 186, 200/201, 203, 204, 206/207, 209, 210;
Anne Köhler: 18, 66/67, 69, 70, 96/97, 99, 100, 120/121, 123, 124, 150/151, 153, 154; Max Reichenbach: 1, 4/5 109, 111, 112, 157, 159, 160, 162/163, 165, 166, 195, 197, 198, 212/213; Sebastian Lux: 35, 37, 40; Fabian Künzel: 21, 22; Bernhard Pollmann: 19

Erzähl uns von deinen Abenteuern auf Instagram und Facebook mit:

#folgedeinemKOMPASS

*#folgedeinem**KOMPASS***